5191-18 / A-1

Le Surfeur de tsunami

• SIX HISTOIRES DE SPORTS DE MER •

Éditions Fleurus, 15/27, rue Moussorgski - 75018 Paris

COLLECTION ANIMÉE PAR Evelyne Demey et Emmanuel Viau

DIRECTION ÉDITORIALE : Christophe Savouré
DIRECTION ARTISTIQUE : Danielle Capellazzi
ÉDITION : Danielle Védrinelle

© 2000 Groupe Fleurus-Mame
Dépôt légal : avril 2000
ISBN : 2 215 05143-4

Loi n° 49-956 du 16 juillet 1949 sur les publications destinées à la jeunesse.

Sommaire

Le Surfeur de tsunami — 7
de Jean-Marc Ligny
illustré par Victor de la Fuente

L'Odyssée d'Océane et de Gaïa — 29
de Pascal Deloche et Barbara Castello
illustré par Daniel Redondo

Le Chagrin des Jaloux — 55
d'Émile Desfeux
illustré par Marc Bourgne

Boomerang — 89
de Marie Bertherat
illustré par Dominique Rousseau

La Mère des tempêtes — 119
d'Emmanuel Viau
illustré par André Benn

La Course — 153
de Patrick Cappelli
illustré par Bruno Bazile

Le Surfeur de tsunami

de Jean-Marc Ligny
illustré par Victor de la Fuente

Sa planche sous le bras, ses pieds nus plantés dans le sable chaud, Curly étudie avec appréhension les énormes rouleaux qui déferlent dans un grondement de tonnerre. Des *tubes* parfaits, de quatre à cinq mètres de hauteur, d'un bleu-vert profond frangé d'une écume étincelante. L'idéal pour le *big surf*... Le surf extrême : sur une planche étroite et lisse, l'antigravité au minimum, affronter des vagues hautes comme des maisons, qui s'abattent sur la plage de Mokapu dans un fracas gigantesque. Gare au *wipe out* – la chute dans la déferlante : celle-ci vous démembre comme un vulgaire morceau d'épave.

Curly en est bien conscient, lui qui tente pour la première fois le *spot* de Mokapu, réputé pour être l'un des plus dangereux du monde. Mais il n'a pas fait le voyage jusqu'à Hawaii pour repartir piteusement, la planche entre les jambes, sans pouvoir dire « je l'ai fait » ni citer des témoins pour le prouver.

Des témoins, il n'en manque pas sur cette plage balayée par les alizés : tout porteur de planche antigrav est scruté, mesuré, jugé par les touristes et les autochtones venus au spectacle, dont un certain nombre de filles élancées, fines et bronzées qui sélectionnent d'un regard impitoyable le héros – et la brêle – du jour. Pas question de se dégonfler devant un tel public, sinon Curly n'a plus qu'à refaire ses bagages et à prendre le prochain stratojet pour nulle part. Et il les repère les héros du jour, qui sautent les crêtes des vagues comme si leur mère était un poisson volant, exécutent des figures dans ces monstres avec élégance et décontraction, sans oublier un clin d'œil pour la copine qui applaudit sur le rivage...

Curly aurait préféré surfer sur la côte sud de l'île, à Waikiki, la grande plage d'Honolulu mondialement célèbre, et qu'il connaît par cœur pour l'avoir tellement pratiquée en virtuel sur *Cowabunga*, le réseau des surfeurs. Mais voilà, dans la réalité, Waikiki n'existe plus. Le niveau du Pacifique a monté comme celui de toutes les mers du globe ; ses rouleaux fabuleux se brisent maintenant sur les débris de béton de l'ancien boulevard du littoral, arrosant d'embruns les tours abandonnées, craquelées et fissurées du front de mer. Le nouveau *spot* d'Oahu est désormais la péninsule de Mokapu, au nord-est, face au vent du large et aux vagues immenses qui accourent depuis l'autre côté de la Terre. Ou, pour les débutants, Pokai Bay à l'ouest et ses « vaguelettes » de trois mètres... Mais Curly n'est plus un débutant. Et il doit le prouver *maintenant* – on le regarde. Ou plutôt, *elles* le regardent. Assez hésité, sous peine d'être la brêle du jour.

Curly prend son souffle, gonfle sa poitrine glabre et bronzée (pourvu que le film anti-U.V. dont il est couvert ne se déchire pas dans les vagues) et, d'un pas décidé, s'avance vers la mer, vers les monstres bleus qui roulent et se fracassent en somptueux panaches d'écume. Il pose sa planche dans le sable humide – l'assise y est meilleure – monte dessus. Une pression légère du pied gauche sur le *footstep* – la planche se soulève d'une trentaine de centimètres en oscillant légèrement. Il s'agit d'estimer la bonne hauteur dès le départ : ce n'est pas dans le *curl*, au creux de la vague, qu'il pourra corriger sa sustentation.

Il jauge du regard les déferlantes – vitesse, fréquence, hauteur, sens de déroulement... C'est le moment, juste après celle-ci : profiter du *backwash*, du retrait de la vague, pour gagner le large.

Bref coup de talon sur le *start pad* – bref pincement au cœur – c'est parti.

Jadis, les surfeurs n'avaient pas de planches antigrav. Allongés sur leur surf, ils devaient pagayer dur avec les bras, lutter âprement contre le ressac et la pression écrasante des vagues pour gagner le large, plonger à travers les déferlantes pour atteindre la zone de calme, là où la houle n'est encore qu'ondulation. Ensuite, ils se retournaient et pagayaient de nouveau, cette fois vers la côte, jusqu'à ce que la vague montante les cueille et qu'ils puissent se dresser pour amorcer la course... Tant d'efforts épuisants pour quelques secondes d'*hopupu*, la transe de la glisse !

La planche antigrav a supprimé ces efforts – du moins si l'on sait se maintenir dessus. En revanche, elle a compliqué le sport : sauter les crêtes et franchir la zone de déferlement requièrent autant d'adresse, sinon plus, que surfer un bon *tube*.

Plié en deux, les bras écartés en balancier, Curly effectue un *nose*, en se positionnant sur le nez de la planche pour affermir sa direction dans les tourbillons du *backwash*. Mais le retrait de l'eau violemment aspirée par le reflux l'entraîne trop vite, il assure mal son équilibre. La planche roule comme un bouchon de liège, l'antigrav n'est pas stable. L'eau se dresse soudain devant lui, muraille bleuvert qui s'élève en grondant, échevelée d'embruns

– elle va s'abattre... Curly bondit sur l'arrière, son talon droit écrase le *start pad* tandis qu'il se déhanche pour virer – la planche se cabre, pivote à gauche et file, penchée à quarante-cinq degrés, au ras de la paroi liquide... Manœuvre réussie : Curly prend le déferlement de vitesse, gagne sur la *chambre verte* qui s'enroule derrière lui.

Or il n'arrive pas à remonter la pente, à franchir la lèvre écumante, et glisse vers le bouillon en un *sideslip* incontrôlé... Il vire sec pour revenir dans la vague, donne d'un coup de talon nerveux l'impulsion maximum. Mais il a perdu une seconde, durant laquelle le rouleau l'a rattrapé. La vague ouvre grand sa gueule aux dents d'écume, le *curl* se creuse au-dessus de sa tête... Curly s'accroche des deux mains à sa planche et maintient la poussée – il grimpe, grimpe, il va sauter, *kick out* – non.

Le *tube* se referme, Curly ne peut sauter – la planche se retourne, prise dans la lèvre de la vague, l'antigrav ne sert plus à rien – Curly tombe et le rouleau s'abat sur lui.

Une montagne d'eau le bouscule dans un charivari d'écume, l'écrase au fond, le drosse contre le sable, le ballotte en tous sens – Curly perd pied, perd souffle, perd tout sens de l'orientation, il cherche de l'air, se débat, veut crier, avale des paquets de mer – il s'affole, il se noie... Quelque chose l'empoigne.

Une main lui enserre le bras, le hisse hors de l'eau. Curly tousse, crache, suffoque, aveuglé. La main l'entraîne, un corps nage vigoureusement près de lui, luttant contre le ressac. Ses pieds touchent le fond. Curly retrouve ses repères : un haut, un bas. Le ciel, le sol. La mer – falaises liquides. On ne le lâche pas. On le traîne jusqu'au rivage, jusqu'au sable sec, hors de portée des vagues.

– Ma planche…, coasse Curly d'une voix rauque.

Il se remet à tousser. Vomit un demi-litre d'eau salée. Son sauveteur, à ses côtés, le soutient.

– Plus tard. Toi d'abord.

Il se rétablit peu à peu. Haletant, grimaçant, toussotant, il dévisage son sauveteur : c'est un vieil homme maigre et ridé, au nez épaté, aux cheveux comme de l'étoupe blanche, la peau recuite par le soleil, les yeux d'un bleu si clair qu'ils paraissent sans couleur. L'homme lui sourit. Non pas un sourire de moquerie, mais de satisfaction : heureux que Curly soit sauf.

– C'est à toi, ça ?

Tous deux se tournent vers la voix. Elle provient d'une fille blonde, bronzée, élancée, fleurant le monoï comme toutes ici, qui tient la planche de Curly sous le bras. Elle pose sur lui, affalé dans le sable à côté de son vomi, un regard dégoûté comme s'il était une grosse blatte écrabouillée.

Elle jette la planche à ses pieds.

– Ramasse ta pelle, gamin, et va jouer ailleurs.

Puis elle s'éloigne en ondulant des hanches, dans son string jaune fluo minimaliste, comme

pour bien lui montrer tout ce qu'il n'a plus aucune chance d'obtenir.

Pas de doute, c'est lui la brêle du jour.

— Je me suis fait un *wipe out* comme un débutant, marmonne Curly, tête basse, l'eau gouttant de ses cheveux jusqu'au bout de son nez. Je sais pas où j'ai merdé…

— Au moment de ton *cut back*, quand tu es retourné dans la vague, explique le vieil homme. Tu aurais dû glisser davantage, prendre plus d'élan.

Curly lève sur lui un regard intéressé : les conseils d'un ancien, c'est toujours bon à prendre. Le vieux lui sourit de nouveau – il a des dents éclatantes.

— Mais tu sais, même les champions commettent des erreurs, ajoute-t-il. J'en ai fait de grosses aussi, qui ont failli me coûter la vie…

— Vous surfez ?

Curly cherche des yeux la planche du type, mais ne trouve que la sienne enfoncée dans le sable, jetée comme un déchet par la fille.

— Plus maintenant, hélas ! Mon cœur…

Il porte une main à sa poitrine, où frisotte une touffe de poils blancs.

— En tout cas vous nagez encore bien, constate Curly. Merci de m'avoir tiré de là… C'est quoi votre nom ?

– Duke Kahanamoku. Mais appelle-moi Duke.
– Curly.

Ils se serrent la main. Curly s'interroge : ce nom ne lui est pas inconnu… Un champion de jadis ? Il n'est guère calé en histoire du surf.

– Vous étiez connu à une époque, non ? hasarde-t-il.

– J'ai chevauché la Grande Vague. Le Surfeur de Tsunami… ça te dit quelque chose ?

Curly reste bouche bée. Peut-être a-t-il déjà entendu parler de cette histoire – il court tellement de légendes dans le monde du surf –, mais c'est surtout le nom de *tsunami* qui lui tire des frissons.

Provoqué le plus souvent par un séisme sous-marin, le tsunami (« grande vague dans le port », en japonais) n'est au départ qu'un train d'ondes, de rides à la surface de l'océan. D'à peine un demi-mètre de hauteur, elles se suivent à des dizaines, voire des centaines de kilomètres de distance, et se déplacent à une vitesse foudroyante : près de 800 km/h ! En arrivant dans les eaux côtières peu profondes, l'onde est brutalement freinée par le plateau continental. Elle s'élève alors en une vague démesurée, vertigineuse, qui peut atteindre trente mètres de haut – un immeuble de douze étages ! La lame déferle sur les côtes basses comme une falaise d'eau qui s'effondre, dévastant tout sur son passage. Quelques minutes plus tard, les autres vagues arrivent, tout aussi destructrices, qui parachèvent le désastre.

Au XXe siècle, les tsunamis faisaient des milliers de victimes, généralement dans les îles du Pacifique, parmi les populations côtières qui vivaient au ras de l'eau. Peu à peu, elles se sont équipées de stations de surveillance, de détecteurs de séismes, de satellites, de bouées G.P.S.[1]... jusqu'à ce que la montée globale du niveau de la mer noie les archipels les plus bas, fasse reculer les populations à l'intérieur des terres, rende le problème en partie caduc. Les régions habitées les plus exposées ont été dotées d'abris souterrains étanches, capables de supporter une pression de cent tonnes par mètre carré, et de capteurs sous-marins sensibles aux plus infimes vibrations de la croûte terrestre. Les tsunamis sont désormais des spectacles impressionnants que l'on regarde au fond de son abri, filmés par des autocams sacrifiées pour l'occasion. Ils laissent néanmoins des kilomètres de côtes ravagées qu'il faut remettre en état...

Pour le surfeur antigrav, le tsunami est à la fois dieu et démon, craint et adulé : c'est la Grande Vague, celle qu'il rêve de chevaucher dans ses délires les plus fous, celle qui à coup sûr signera sa perte. Sur chaque *spot* exposé au phénomène – comme les îles Hawaii – les histoires abondent de casse-cou ou de demi-dieux (selon le point de vue) qui ont défié la Grande Vague et y sont res-

---

[1]. G.P.S. : de l'anglais *Global Positioning System*, système de repérage par satellites.

tés, ont sauté en un ultime *kick out* tout droit dans la légende.

Curly n'a jamais vu de tsunami – en vrai, du moins – mais pour lui, c'est totalement inhumain. L'homme n'est pas de taille à affronter de tels monstres, à défier la toute-puissance de la planète. C'est comme vouloir plonger dans un volcan en éruption, traverser à pied l'Antarctique en hiver, ou « flirter » un cyclone en deltaplane. Pourtant certains le font – et survivent...

– Vous avez *vraiment* surfé un tsunami ? demande Curly sur un ton incrédule.

– Un petit, répond Duke en souriant, l'air modeste. Il ne mesurait pas plus de dix mètres de haut. C'était à Kauluoa Point, près d'Hookena, sur l'île d'Hawaii. La vague provenait d'un séisme au large du Japon... Je l'ai chevauchée sur près de deux kilomètres.

– Avec une planche antigrav ?

– Oh non, ça n'existait pas à l'époque. Avec une planche normale... un peu lourde, même.

– Et vous vous en êtes tiré, frémit Curly, qui imagine trop bien la scène.

– Comme tu vois, sourit Duke de nouveau. Heureusement, la côte est déserte en cet endroit. Trop de risques de coulées de lave issues du Mauna Loa. J'ai atterri dans les collines, à deux cents mètres du rivage. Écorché, sonné, mais vivant.

– Ça s'est passé quand ?

« Sûrement pas récemment, se dit Curly, sinon je l'aurais su... »

Duke a un geste évasif de la main.

— Il y a des années... J'ai chevauché tellement de vagues depuis. Et des plus traîtresses, tu peux me croire !

Il se lève soudain (souplement pour son âge), ramasse la planche de Curly, la lui tend.

— Heu... Je sais pas si... hésite celui-ci, jetant un regard circonspect aux rouleaux qui grondent à quelques mètres, hauts comme des maisons, ourlés d'écume d'un blanc aveuglant.

— Allons donc ! Tu ne vas pas rester sur un échec. La règle d'or, quand on a éprouvé une grande frousse, c'est d'y retourner aussitôt. Sinon, tu auras peur tout le temps.

Curly empoigne la planche à contrecœur. Il ne veut pas décevoir ce type qui lui a sauvé la vie et qui, de plus, a eu l'audace – ou la folie – de surfer un tsunami... En outre, il a une revanche à prendre, face à cette fille blonde qu'il aperçoit là-bas, minaudant dans son string jaune fluo, entourée de mecs musclés et bronzés qui friment avec leurs *guns* de compet'.

« Bon, soupire-t-il en traînant sa planche vers le sable mouillé, Duke me regarde, si je me tape encore un *wipe out,* il viendra me tirer de là... »

Piètre encouragement. Il monte sur sa planche, règle l'antigrav à vingt-cinq centimètres, donne un coup de talon sur le *start pad*... C'est parti.

Tandis qu'il se laisse entraîner par le reflux du *backwash*, il se dit – il en est même persuadé – que Duke Machinchose lui a raconté des bobards.

Très vite, après avoir franchi le premier rouleau en un *kick out* magnifique, frisant le looping, l'appréhension de Curly laisse place à l'euphorie, prélude au fameux *hopupu*, « l'apesanteur mentale », la transe des surfeurs, l'hypnose « diabolique » qui fait dépasser ses limites et prendre tous les risques... Duke avait raison, il fallait y retourner tout de suite : la peur s'est envolée, l'ivresse de la glisse envahit son esprit, fait palpiter son cœur, délie tous ses muscles. Curly paraît danser sur sa planche, danse fluide mais précise comme des *asanas* d'aïkido. Il vire dans les vagues pour prendre de l'élan, grimpe les collines de mer comme une flèche, franchit les crêtes bouillonnantes dans un jaillissement d'écume, surfe sous les *tubes* comme un poisson volant, s'éloigne insidieusement vers le large, à la recherche des plus grosses déferlantes, pour les prendre à leur début et chevaucher toute la longueur de la vague...

Certainement, on l'observe, on l'admire peut-être, mais Curly n'en a cure, il ignore les spectateurs et les autres surfeurs qu'il croise parfois, ombres rapides enveloppées d'embruns. Il glisse pour lui-même, pour son plaisir, pour l'*hopupu* qui l'a saisi : sans pensée, tout action, tout fluide et mouvement, tel un dauphin qui joue dans la houle... Il glisse, saute, vire, vole, défie les rouleaux qui se referment en mugissant dans son dos comme des mâchoires d'écume... Il ne sent pas la mer descendre, l'entraîner au large en un courant irrésistible, il n'entend pas l'alerte émise par de puissants haut-parleurs installés à bord des glisseurs du Tsunami Warning Dept, il ne voit pas les surfeurs regagner précipitamment la plage, ni les gens courir vers les véhicules d'évacuation dépêchés sur les lieux, ni les gyros voler au ras des crêtes pour repêcher ceux qui paniquent ou sont tombés dans les vagues... Hypnotisé par l'*hopupu,* plus loin du rivage que tous les autres, Curly ondule avec les vagues, devient vague lui-même.

En dernier ressort, sa planche aurait dû le prévenir : un système d'alerte vocal est incorporé au G.P.S. incrusté dans la mousse de polyuréthane. Or le choc de son *wipe out* a ébranlé cette électronique fragile, et son G.P.S., déréglé, n'a pas capté l'alerte...

Lors d'un *kick out* audacieux qui le propulse à deux mètres au-dessus de la lèvre d'un rouleau, Curly voit soudain se dresser au loin un mur d'eau outremer, dont l'élévation lente et majestueuse n'est qu'apparente. En vérité, il s'approche vite, très vite, *trop* vite. L'océan se creuse sous la planche, il aperçoit le fond rocailleux, terriblement proche – c'est impossible, il y a au moins cinquante mètres de fond ici ! – et la vague monte, monte, dans un grondement assourdissant...

Curly comprend tout à coup – son cerveau se reconnecte, envoie dans son corps un signal d'alarme, de panique, une décharge d'adrénaline – *un tsunami !* Il manque choir de sa planche, ne doit qu'à ses réflexes de surfeur bien entraîné de conserver l'équilibre – avec la certitude que s'il tombe, il meurt. Trop tard pour fuir, regagner la plage, échapper à la Grande Vague qui s'approche à la vitesse d'un cheval au galop...

« Curly, c'est la mort ou l'héroïsme – vas-y, d'autres l'ont fait, Duke l'a fait ! »

S'efforçant de ne pas trembler, de ne pas penser, de ne pas perdre le contrôle de ses muscles ni de sa planche, Curly se lance à l'assaut de la muraille liquide qui forme une falaise vertigineuse. Une falaise d'eau lisse, bleu-vert, presque calme, frôlée à vingt-cinq centimètres par la planche antigrav dangereusement penchée... Curly pourrait

augmenter la portance (jusqu'à un mètre), mais il perdrait alors en stabilité ; ou la diminuer jusqu'à toucher l'eau, mais il serait alors dangereusement freiné...

Tandis que la montagne d'eau avance et continue de s'élever, Curly grimpe vers les hauteurs, glisse, vire et grimpe de nouveau, enchaînant *sideslips* et *cuts back* sur un rythme frénétique, en équilibre précaire sur la planche presque verticale. Il glisse de nouveau vers les profondeurs et recommence, plus haut, encore plus haut, vers la lèvre blanche qui commence à se former, à s'ourler d'écume... Si la vague se referme avant qu'il n'ait rejoint la crête, il est foutu, il le sait. Pas question de surfer le *curl* d'une vague qui peut atteindre plusieurs centaines de kilomètres de longueur !

La vague commence à s'incurver, signe que sa base atteint le fond : le déferlement est proche – encore un effort, Curly, vas-y, talonne le *start pad*, pousse, POUSSE, POUSSE ! En hurlant comme un damné, il atteint la crête, jaillit d'un nuage d'eau blanche – la Grande Vague se courbe soudain sous lui, chaos d'écume et de mousse – *kick out*, Curly pivote dans les airs, fouetté par le vent. Il entrevoit alors la côte au loin, déserte et comme ramassée dans l'attente du choc. Il retombe derrière la vague, la planche touche l'eau, rebondit, vacille, elle va se retourner... Non, il contrôle des pieds et des mains, agrippe le bord, la planche oscille, se stabilise plus ou moins – et vole, entraînée par le déplacement d'air, vole au-dessus du tsunami qui s'abat dans un tonnerre d'apocalypse et noie Curly dans un bouillonnement d'enfer, un nuage de mousse et d'embruns. Il ne sait s'il est dans l'air ou dans l'eau, il suffoque, ne voit plus rien, et le courant monstrueux l'entraîne, le propulse au-dessus de la côte, heureusement plate et dégagée – le moindre obstacle le disloquerait. Il surfe sur les bouillons, se demandant par quel miracle il tient encore debout…

Enfin le déferlement ralentit, monte vainement à l'assaut de la colline. L'eau brune, terreuse, chargée de débris, clapote et commence à se rétracter. Curly saute – tant pis pour sa planche. S'il repart avec le reflux, il n'aura pas une seconde chance. Il s'affale dans la boue, s'agrippe comme un forcené à un bout de roc qui dépasse du sol, tandis que l'eau l'aspire, cherche à l'emporter vers la côte, le large, la mort. Mais Curly tient bon, suffoquant, aveuglé, s'accroche de toute la force de ses muscles tétanisés, jusqu'à ce qu'il sente de nouveau la terre sous lui, labourée, ravinée par la puissance du courant. Il sait qu'il n'est pas encore temps de souffler, qu'il n'est pas tiré d'affaire : une deuxième vague viendra, puis une troisième, une quatrième… et la première n'est pas forcément la plus grosse. Peut-être a-t-il le temps de trouver un abri, mais il est à moitié sonné, ne sait pas où il est, ne reconnaît plus rien, a l'impression d'être largué au milieu d'un champ de bataille : gadoue, débris, désolation, ravages autour de lui…

– Curly ! Par ici !

Science-fiction

Tignasse blanche, corps maigre et bronzé, sourire éclatant : Duke. Qui court vers lui, le prend par la main, l'emmène à travers la boue, les débris, les ravines, les flaques d'eau salée, le traîne de force, malgré ses trébuchements, ses jambes en coton, ses pieds écorchés – l'entraîne vers les hauteurs, vers l'herbe verte, les arbres, à l'abri… et l'abandonne là. Subitement, sans mot dire, Duke disparaît. Curly se retrouve seul, haletant, abasourdi, hébété. Au bord d'une route, sur laquelle arrive un glisseur qui s'arrête à sa hauteur.

Au loin sur la mer, la seconde vague accourt depuis l'horizon, et commence à son tour à s'élever.

Curly s'éveille dans une chambre toute blanche, inondée de soleil. Par la grande baie vitrée, il aperçoit des immeubles, des toits et, au-delà, le scintillement de la mer. Mais la lumière lui fait mal aux yeux, bouger la tête lui fait mal au cou. D'ailleurs, le moindre mouvement est douloureux, comme s'il avait été roué de coups, ou roulé dans un éboulis. Il se sent extrêmement faible, épuisé au-delà de toutes limites. Au-dessus du lit, il distingue une rampe de connexions et une caméra de surveillance. Il constate alors qu'une perfusion pénètre son bras gauche, reliée à une espèce de pochon d'où goutte un liquide transparent.

Il est dans un hôpital.

– Qu'est-ce que ça veut dire ? grogne-t-il en fronçant les sourcils. Je ne suis pas malade !

Sur ces entrefaites, un infirmier entre dans la chambre. Souriant, bronzé, délavé par le soleil et la mer, comme tous à Hawaii. Il porte un short et un tee-shirt imprimé « Mokapu Surfing Club » sous sa blouse d'infirmier, comme s'il avait été appelé d'urgence et n'avait pas eu le temps de se changer. Ce qui est peut-être le cas après tout : malgré un système de protection civile efficace, un tsunami fait toujours des victimes, ne serait-ce que la sempiternelle poignée d'inconscients qui veulent voir le phénomène de plus près...

« Un tsunami. J'ai surfé un tsunami, se souvient brusquement Curly, avec un frisson d'angoisse rétrospectif. Tout comme Duke... et j'ai survécu. »

Il se demande maintenant, dans la blancheur neutre de cet hôpital, si tout cela n'a pas été un cauchemar, bien que son état d'épuisement et son corps moulu lui prouvent le contraire.

– Alors, le héros ? lance l'infirmier. On se remet de ses émotions ?

Curly essaie de sourire, ne parvient qu'à grimacer.

– Je suis où, là ?
– À l'hôpital général de Kailua. Mais rassure-toi, on va pas te garder longtemps. Juste le temps de récupérer un peu...

Curly montre du doigt sa perfusion.

– C'est quoi, ça ?
– Du glucose, quelques vitamines et des forti-

fiants. T'as besoin de reprendre des forces, mon gars. T'as chevauché une sacrée vague...

— Vous m'avez vu ?

— Bien sûr ! Les autocams, tu sais... On t'a admiré en direct, depuis l'abri.

— J'ai vraiment surfé un tsunami ?

— Ouais, mon pote. Ouvre la bouche.

Curly obéit. L'infirmier glisse entre ses lèvres un thermomètre, le retire, lit la température sur le petit cadran.

— 37,6 °C. Ça va. Une bonne nuit de repos et tu seras sur pied. Tu t'en es sacrément bien tiré. Surfer une vague de quinze mètres, en général, ça pardonne pas...

— *Quinze mètres* ?! bée Curly, estomaqué. J'ai fait plus fort que Duke, alors...

— Plus fort que qui ?

— Duke Je-sais-plus-quoi. Un vieil homme que j'ai rencontré sur la plage... (Curly omet de préciser que Duke l'a tiré d'un mauvais *wipe out*. Sa fierté naturelle reprend le dessus.) Il m'a raconté qu'il avait surfé une vague de dix mètres qui venait du Japon. Sur deux kilomètres.

L'infirmier fronce les sourcils.

— Attends... Tu parles de Duke Kahanamoku ?

— Ouais, c'est ça. C'est ce nom-là.

— Et tu dis que tu l'as *rencontré sur la plage* ?

— Ben ouais... Qu'est-ce que ça a d'extraordinaire ?

— Duke est mort en 1968, mon vieux. Il y a plus d'un siècle... Et l'exploit que tu me racontes, là, il l'a réalisé en 1917[2]. Le mec que t'as rencontré sur la plage, c'était pas lui.

— Ah... Alors ce vieux m'a raconté des salades.
— Sûrement, sourit l'infirmier.

Mais Curly n'en est pas sûr – pas sûr du tout. Parmi toutes les légendes qui courent sur les *spots* de surf, certaines ont la vie dure...

---

2. Histoire authentique.

L'Odyssée d'Océane et de Gaïa

de Pascal Deloche et Barbara Castello
illustré par Daniel Redondo

19 octobre

J'ai définitivement quitté la terre ferme. Depuis six heures, je navigue sur mon cher voilier, le stick de la barre bien calé dans la paume de ma main, et les yeux rivés sur la ligne d'horizon. Une imposante masse nuageuse s'amoncelle au-dessus de ma tête. Pas de doute, je vais prendre un grain… et un costaud ! Le premier depuis le coup de canon qui a marqué le signal du départ de la deuxième étape de la Mini-Transat entre les îles Canaries et la Guadeloupe.

Histoire vécue

Nous sommes quarante-quatre navigateurs à nous affronter pour cette traversée en solitaire de l'océan Atlantique. Pour la plupart d'entre nous, c'est une grande première. C'est aussi un rêve, un défi contre soi-même, l'aboutissement de plusieurs mois d'efforts acharnés. Tous les marins affirment qu'ils n'oublient jamais leur premier océan.

Moi aussi, je veux savourer chaque instant de cette course, de ma course. Je suis fin prête à me mesurer aux éléments, à l'épreuve physique et aux pièges de la navigation. D'ailleurs, j'ai un prénom prédestiné, Océane ; et un super bateau baptisé Gaïa, la Terre, en grec. L'association de nos deux noms symbolise notre force. Ensemble, nous arriverons à La Guadeloupe et, j'espère bien, dans le peloton de tête.

Mon voilier, un prototype de course, pèse moins d'une tonne et mesure 6,50 mètres de long, la taille maximale autorisée pour participer à la Mini-Transat. Ses plans ont entièrement été dessinés par un ami architecte naval. Tout a été pensé dans les moindres détails. Du beau travail ! Il bénéficie des dernières innovations techniques : ballast, gennaker et spi asymétriques, double safran, quille mobile latéralement.

La mer se creuse de plus en plus. Le ciel s'obscurcit. Autour de moi, je distingue cinq ou six voiles blanches appartenant aux bateaux concurrents. Le vent se lève et siffle dans le gréement de Gaïa. Je navigue au près. Mon voilier accuse une forte gîte et son étrave rebondit à chaque vague en

L'Odyssée d'Océane et de Gaïa

soulevant des gerbes d'écume. Mon ciré jaune ruisselle. Je suis heureuse, je suis dans mon élément. Mon père a l'habitude de me taquiner en disant : « Océane et océan, vous êtes faits l'un pour l'autre. » Il a mille fois raison : j'ai la mer dans la peau !

L'anémomètre[1] commence à s'affoler : il indique 22 nœuds[2] de vent. Les prochaines heures s'annoncent cruciales. Je dois absolument tirer mon épingle du jeu pour traverser ce coup de tabac sans dommage.

---
1. Anémomètre : appareil servant à mesurer la vitesse du vent.
2. Nœud : unité de mesure de la vitesse du vent, des bateaux et des courants marins. Un nœud = 1 852 mètres/heure = 1 mille/heure.

Histoire vécue

De la voix, un peu comme un cavalier stimule sa monture, j'encourage mon bateau. J'ai pris cette habitude dès mon premier dériveur et, depuis, j'ai toujours aimé parler à mon voilier. Si mes amis m'entendaient, ils me prendraient pour une folle.

Allez Gaïa, il va falloir que tu me montres ce que tu as dans le ventre. Ce n'est pas un petit coup de force 6 qui va t'effrayer. On en a vu d'autres. Rappelle-toi la traversée du golfe de Gascogne, ça bastonnait dur, mais on est passé sans casse. On a même distancé plusieurs concurrents. C'était du bon boulot qui nous a permis d'arriver 7e de la première étape.

Le vent forcit toujours et s'établit au nord-ouest avec des rafales impressionnantes à 40 nœuds. L'océan se déchaîne. Ça devient plus sérieux que je ne l'imaginais. Soudain, un paquet de mer s'écrase sur le roof en rebondissant et s'évacue dans un bruit de siphon. J'ai l'impression de progresser dans un shaker. Pour éviter de tomber à l'eau, je limite mes déplacements au maximum et reste fermement agrippée à la barre.

Dix fois, cent fois, mille fois, Gaïa s'élève au sommet de la vague et s'écrase cinq ou six mètres plus bas. Le frottement permanent de la manche mouillée de mon ciré sur mon poignet droit réveille un vieux furoncle. Je sais qu'après cette tempête, je vais déguster ! En mer, les plaies mettent un temps fou à cicatriser, et une simple égratignure peut vite devenir un enfer.

Plus le temps passe, plus cette dépression atmosphérique me surprend par son intensité et sa violence. Pour calmer le jeu, je décide de prendre trois ris[3] sur la grand-voile.

Je préfère laisser respirer ton gréement. Nous devons encore parcourir une longue route avant la Guadeloupe. Ce n'est pas le moment d'abîmer le matériel et de compromettre notre aventure.

Barrer dans un coup de tabac demande vigilance et concentration. La moindre hésitation ou la moindre erreur d'appréciation peuvent se révéler fatales. Après les quelques jours de repos passés aux Canaries, j'ai retrouvé ma forme physique, et la fatigue accumulée lors de la première étape de la course a disparu.

Toute la difficulté consiste à trouver le bon réglage : sous-toilé, on manque de puissance face aux vagues ; sur-toilé, on risque de tout casser. Balayé par des gerbes d'eau, mon cher Gaïa a fière allure dans la tempête.

Avec tes 6,50 mètres, tu n'es pas bien grand, mais tu es une véritable machine de course. Un pur-sang des mers !

Le bateau me répond. Sa coque en carbone vibre de toutes parts. Visiblement, il est heureux. Comme moi.

---

[3]. Prendre un ris permet de diminuer la surface de voilure présentée au vent.

21 octobre

Déjà deux jours de course depuis les Canaries ! Mais aujourd'hui, après la tempête, c'est la « calmasse » : le calme plat. Une mer d'huile sans la moindre brise.

Si ce temps convient à la croisière et aux amateurs de ski nautique, pour un skipper engagé dans une compétition, c'est l'horreur ! Les heures me semblent interminables. Il me faut sans cesse manœuvrer pour espérer trouver un semblant de vent. Je tire des bords au largue, tantôt sous gennaker, tantôt sous spi. Un coup d'œil sur le speedomètre m'indique une vitesse ridicule. Moins d'un nœud... À ce rythme, je ne suis pas prête d'atteindre la Guadeloupe. Je m'efforce d'oublier les autres concurrents. Pourtant une question lancinante me turlupine : ont-ils trouvé du vent ?

Mon pauvre Gaïa, nous voilà scotchés comme des mouches sur de la confiture. Mais il en faut plus pour décourager ta petite Océane. Cela fait des mois qu'elle rame pour préparer cette course. Elle a surmonté tous les obstacles, financiers et techniques. Alors un peu de patience, on trouvera bientôt les alizés qui nous porteront jusqu'à la Guadeloupe.

En début d'après-midi, il commence à faire chaud. Toujours pas le moindre souffle de vent. La mer n'est qu'un vaste miroir dans lequel se reflètent quelques nuages épars. La situation ne s'arrange pas. Les traces laissées dans le sillage de

Gaïa sont ridicules. Mes voiles pendent comme de vulgaires draps sur une corde à linge. Je n'ose même plus regarder le speedomètre ; il doit être proche de zéro. J'ai l'impression de vivre une punition, un cauchemar. Ce calme plat, véritable supplice, n'en finit pas.

Pour m'occuper et ne pas céder au découragement, j'équilibre Gaïa au mieux. Pour lui assurer une meilleure assiette, je transbahute une partie des cents litres d'eau potable contenus dans des jerricans à l'arrière. Chacun de mes déplacements fait tanguer mon voilier. Les poulies claquent dans un bruit sinistre. Les écoutes pendent lamentablement.

Je décide ensuite de descendre dans la cabine pour y mettre un peu d'ordre. À bord d'un prototype de course de 6,50 mètres, l'habitacle est des plus sommaires. Dans un volume de moins de 5 m^3, j'ai entassé près de 200 kilos de matériel et 35 kilos de nourriture. Chaque chose doit avoir sa place. C'est un vrai casse-tête. Le poids sur un bateau de course se transforme en véritable obsession, au point que tout kilo gagné est une victoire. Avant de partir, j'ai poussé le vice jusqu'à jeter les emballages en carton de mes sachets de nourriture lyophilisée et de mon tube de dentifrice. J'ai limité les vêtements au maximum : un ciré, une laine polaire, un pantalon de toile, un short, des chaussettes et quelques tee-shirts. J'ai aussi renoncé à emporter mon lecteur de C.D., un livre de poche et ma trousse de maquillage. Cela peut paraître dérisoire, mais cette économie de poids peut me faire gagner quelques minutes au final.

Pour le moment, je n'en suis pas là. L'absence de vent me rappelle cruellement que ma vitesse moyenne journalière est catastrophique.

Pour me remonter le moral, j'allume le réchaud à gaz avec mon unique briquet et me prépare une platée de spaghettis à la sauce tomate.

Pendant que l'eau bout, je règle ma radio sur la fréquence de Radio France International pour écouter le bulletin météo. La speakerine annonce de mauvaises nouvelles : l'anticyclone se renforce. Je ne suis pas prête de retrouver du vent.

Un coup d'œil sur l'écran à cristaux liquides de mon G.P.S.[4] portable m'indique ma position. Elle n'a guère varié. Pas étonnant, car depuis bientôt dix heures je fais du surplace. Mes nerfs sont à vif ; j'ai envie de crier de rage !

Assise sur la couchette, je déplie la carte marine sur mes genoux. Je fais le vide dans ma tête pour mieux réfléchir. Pour la première fois, je suis confrontée à l'angoisse du navigateur solitaire. Je dois absolument trouver une solution pour me sortir de là, peser le pour et le contre de chaque option. La bonne décision n'est pas facile à prendre, car j'ai peur de faire le mauvais choix et de compromettre mes chances de victoire. Après

---

4. G.P.S. : de l'anglais *Global Positioning System*. Cet appareil électronique capte les messages des satellites et en déduit la position exacte d'un bateau.

vingt minutes de réflexion, j'annonce la nouvelle route à Gaïa.

On va piquer encore plus au sud pour fuir ce petit temps et aller chercher les alizés. Fais un petit effort pour m'emmener là-bas le plus vite possible, et je te promets des surfs grandioses sur de belles vagues.

Comme pour applaudir ma décision, Gaïa fait claquer sa grand-voile. Aucun de nous deux ne supporte l'inaction.

22 octobre

J'ai passé la nuit à manœuvrer, et toujours dans la « pétole », comme on dit dans le jargon des marins. Éole, le dieu des vents, n'est toujours pas au rendez-vous et ça me rend d'une humeur de chien. Un rien m'énerve et, pour arranger le tout, le furoncle de mon poignet refuse de cicatriser. Bref, tout va mal ! Je subis ma première baisse de moral. Pour me stimuler, je puise dans mes réserves de barres chocolatées. Malgré ma gourmandise légendaire, je n'y trouve aucun plaisir.

Mes illustres aînés et anciens vainqueurs de la Mini-Transat, comme Loïck Peyron, Yvan et Laurent Bourgnon, Isabelle Autissier, Yves Parlier ou encore Thierry Dubois, ont tous relaté leurs coups de cafard et de découragement. Une traversée de l'océan Atlantique en solitaire nécessite une grande force psychologique. C'est pourquoi, à l'image des grands skippers, j'avais suivi une préparation spéciale avec un médecin. Nous avions longuement travaillé pour mettre au point un programme destiné à m'aider à gérer mon sommeil, mon stress et mon alimentation. Tout avait été minutieusement préparé.

Aujourd'hui, je réalise que la mer est une école d'humilité. Moi qui rêvais de me battre avec les éléments déchaînés, je me retrouve le moral à zéro, engluée dans ce petit temps qui n'en finit pas.

Les cheveux collés par le sel, la peau brûlée par le soleil, je me surprends à parler toute seule. Non pas à mon bateau, comme j'en ai l'habitude, mais aux nuages. Je les engueule, les insulte puis les charme, les suppliant de m'envoyer du vent. Rien qu'une petite brise !

Les heures passent et, ô miracle, de minuscules rides apparaissent à la surface de l'eau ; elles me ravissent. Pas de doutes, mes prières ont été entendues. Le vent revient enfin. Finie la scoumoune !

Gaïa répond aussitôt à ce souffle d'air providentiel : ses écoutes se tendent et ses voiles se gonflent. Le speedomètre reprend du service et affiche 1,5 nœud. C'est un bon début après les moments difficiles que je viens de vivre. Comme par enchantement, mon moral remonte et j'en oublie mon furoncle. Mon bonheur ne tient vraiment qu'à un seul mot : vent.

J'affine au maximum mes réglages pour tirer le meilleur parti de cette brise qui me caresse agréablement la peau. Je constate avec plaisir que ma vitesse ne cesse d'augmenter, lentement mais sûrement. J'ai l'impression de revivre et je suis satisfaite d'avoir fait le bon choix en prenant une route très au sud.

Hélas, mon bonheur est de courte durée. Mon sixième sens m'avertit que Gaïa se comporte bizarrement. Il se traîne, comme freiné par une main invisible. Méthodiquement, je passe en revue le gréement. Je vérifie les safrans, le pilote automatique, les ballasts, les lattes des voiles. Rien d'anormal. Je n'y comprends rien.

Qu'est-ce que tu me fais ? On a enfin retrouvé du vent et toi, tu joues à l'escargot. Tu crois que c'est le moment de musarder ? On n'a pas pris assez de retard ? Allez du nerf, remue-toi !

Assise à l'arrière, les yeux fermés, je fais le vide dans ma tête pour réfléchir. Il y a un seul élément que je n'ai pas vérifié : la quille. Comment n'y avais-je pas pensé plus tôt ?

En bordant mes écoutes de grand-voile et de foc, je fais gîter Gaïa. Puis, tout en me tenant fermement de la main droite au câble du hauban, je plonge la tête dans l'eau. Il me faut moins de trois secondes d'immersion pour comprendre : un sac poubelle noir, à moitié déchiré, bloque la quille.

Bien que satisfaite d'avoir trouvé l'origine de mon problème, j'entre dans une colère noire. Je suis en pétard contre ceux qui prennent la mer pour un dépotoir. Ce sac doit dériver depuis des mois et il faut qu'il choisisse de venir mourir sur ma quille. Pas de chance…

Pendant plus d'une heure, je tente toute une série de manœuvres, dont une marche arrière, pour me débarrasser de ce satané sac poubelle. Rien n'y fait. Je n'arrive pas à le décrocher et je continue à perdre un temps précieux. Il ne me reste plus qu'une seule solution : me mettre à l'eau pour aller l'enlever moi-même. Cette perspective ne m'enchante guère à cause des risques d'une telle opération. Le doute me gagne : et si je n'arrive pas à remonter à bord de mon voilier... et si le vent se lève... et si le courant m'emporte, et si... ? Je m'efforce de chasser ces sombres pensées de mon esprit.

J'arrime solidement un bout de quinze mètres au mât, puis j'attache l'autre extrémité à mon poignet. D'un coup de barre, j'oriente Gaïa face au vent et j'affale la grand-voile. Mon bateau s'immobilise rapidement. À moi de jouer ! Courageusement, je saute à la mer. L'eau froide me saisit. Je prends ma respiration et plonge sous la coque en carbone. Le sac poubelle est complètement enroulé autour de la quille peinte en jaune fluo. Il me faut plonger à trois reprises pour le déchirer entièrement à l'aide de mon couteau suisse. En remontant à la surface, ma main accroche une aspérité anormale. Je replonge immédiatement et découvre que l'un des six écrous qui assurent la fixation de la quille est dévissé aux deux-tiers. Cette découverte me fait l'effet d'un coup de massue. D'un réflexe dérisoire, je tente de le revisser entre le pouce et l'index... Peine perdue ! Une telle réparation nécessiterait de mettre le bateau en cale sèche.

Je me laisse glisser vers l'arrière de Gaïa et me hisse à la force des bras, en prenant appui sur le plat-bord. J'enjambe le canot de survie et m'écroule lourdement à côté de la barre. Je suis obnubilée par une seule idée : repartir au plus vite. Essoufflée, dépitée, j'agis alors comme un robot. Je dénoue le bout qui enserre mon poignet, hisse la grand-voile, puis borde les écoutes et Gaïa reprend son cap. Le sentir glisser sur l'eau me fait du bien. Pourtant, je sais que l'heure est grave. Cet écrou défaillant m'inquiète. Lors de mon escale aux Canaries, comme les autres concurrents, j'avais inspecté la coque sous toutes ses coutures. Je n'avais constaté aucune avarie, j'en suis certaine. Ce problème est donc récent : il doit provenir du coup de tabac que j'ai essuyé après le départ de la deuxième étape.

Sale histoire, Gaïa. Tu t'es blessé lors de la tempête. Je ne peux pas te soigner maintenant, mais il faut que tu tiennes le coup. Tu n'as pas le droit de me lâcher. On est lié tous les deux. Hum, tu m'as comprise. Pas de mauvaise blague !

En naviguant au près, la pression exercée sur la quille est énorme ; en revanche, aux allures portantes, elle est moindre. Si tout va bien, d'ici peu, je serai portée par les alizés jusqu'en Guadeloupe. J'essaie de minimiser les conséquences de cette avarie. Je refuse l'idée que Gaïa soit diminué et que ma victoire soit compromise. Je cherche à me rassurer : je vais trouver une route et une météo parfaites ; alors, avec un peu de chance, peut-être que… Je m'imagine franchissant en tête la ligne d'arrivée.

Mais, il ne faut pas rêver. Je cours le risque de perdre ma quille… Je redescends donc sur terre et décide d'annoncer par radio mon problème technique au PC de la course. En mer, surtout en solitaire, il ne faut pas jouer avec la sécurité et savoir anticiper sur les ennuis.

25 octobre

Une belle lune rousse vient de se lever. Elle irise le bateau d'une lumière irréelle. Depuis hier matin, j'ai trouvé les alizés. Avec plus de 15 nœuds de vent établi, ils sont orientés est/nord-est.

Je pars dans de longs surfs sur de belles vagues régulières. La coque de Gaïa vibre de bonheur et, apparemment, sa quille tient bon. Son état ne s'est pas aggravé. Ce constat décuple mon énergie. J'ai à peine dormi ces dernières 48 heures, trop occupée à guetter le moindre signe alarmant. J'utilise peu mon pilote automatique et préfère ne pas quitter la barre, même si mon furoncle me gêne.

Pourtant, je n'en ressens aucune fatigue. Je suis sur un nuage, car j'ai la certitude d'avoir eu ma dose de malchance et que rien ne peut plus m'arriver maintenant. Cependant, afin de conjurer le mauvais sort, je vérifie chaque goupille, chaque poulie, chaque axe, chaque câble, chaque voile… plusieurs fois par jour. Je suis devenue une véritable maniaque, obsédée par la casse. Le moindre bruit suspect me fait sursauter. Je ne cesse d'encourager Gaïa. Malgré sa blessure, nous avons passé un pacte : il me conduira à la Guadeloupe dans le peloton de tête.

Glisse sur les vagues. Gonfle tes voiles. Fais-toi plaisir. Joue avec les dauphins et trace ta route comme un fier chevalier des mers.

Je ne sais pas si c'est pour prévenir les affres de la solitude, mais je me surprends, de plus en plus souvent, à parler à mon voilier. Cela ne m'inquiète pas trop, mais je promets de me surveiller ! On dirait une mémère gâteuse qui parle à son chien-chien !

Soudain, mon regard est attiré par un reflet. Je me lève tout en gardant fermement en main le stick de la barre. Malgré l'obscurité, je devine une forme allongée flottant entre deux eaux. Peut-être une baleine ? On en croise souvent à cette latitude. L'étrave de Gaïa file droit sur cette masse sombre. D'un léger coup de barre, je la laisse passer sur bâbord. Bien m'en a pris, car je frôle avec effroi un énorme conteneur métallique sans doute perdu par un cargo. Cette vision furtive me glace le sang.

Je me félicite de ne pas m'être endormie. En effet, pendant mes heures de sommeil, je laisse Gaïa naviguer sous pilote automatique. Certes, le bateau garde son cap, mais il est incapable d'éviter un obstacle inattendu. On serait allé droit à la collision, à la catastrophe !

Cette poussée d'adrénaline me rend tout à coup

Histoire vécue

hyperactive. Je suis une vraie pile de plutonium ! Armée de ma lampe frontale, je décide de vérifier les contacts du panneau solaire qui permettent de recharger la batterie alimentant les appareils électroniques du bord. En effet, lors de mon dernier message, j'ai eu le sentiment que la radio montrait des signes de faiblesse. Une panne du système électrique aurait des conséquences dramatiques : elle me priverait de tous moyens de communication, mais aussi de mes appareils de navigation.

Debout, en équilibre sur la plage arrière, je découvre que l'un des fils électriques du panneau solaire menace de rompre. N'ayant pas de fer à souder, je me lance dans une réparation de fortune. La caisse à outils du bord ferait rigoler n'importe quel bricoleur averti. Par souci d'économie de poids, je n'ai emmené que le strict minimum : une pince, un marteau et un jeu de tournevis. Heureusement, j'ai pensé à emporter un rouleau de chatterton noir. J'enveloppe d'une double épaisseur de scotch le fil défaillant, avec minutie et prudence pour éviter de l'arracher. La réparation n'est peut-être pas très esthétique, mais elle devrait tenir. C'est l'essentiel.

Je décide de m'octroyer quelques heures de repos bien mérité. Je branche et programme le pilote automatique, puis je descends dans la cabine. Ivre de fatigue, je m'écroule sur ma couchette encombrée de vêtements sales.

Avant de m'assoupir, j'écoute Gaïa en faisant un inventaire de ses différents bruits. Ainsi, si quelque chose change, je me réveillerai. En mer, j'ai développé la faculté de ne dormir que d'un œil.

28 octobre

Le vent ne cesse de forcir depuis hier. Poussé par des vents portants, Gaïa donne toute sa mesure. Avec près de 100 m² de voile, notre moyenne horaire s'élève à plus de 8 nœuds. Je trace ma route sur la carte marine. Chaque minute me rapproche de la Guadeloupe. J'ai déjà parcouru un bon tiers de la distance, soit environ 1 100 milles. Je ne sais pas si ma quille tient toujours, car la météo m'empêche d'aller l'inspecter. Il serait trop dangereux de plonger dans une mer formée de vagues de plus de trois mètres. J'en suis réduite à supplier Gaïa de tenir le coup.

C'est bien mon grand, ta blessure ne s'aggrave pas. On va te soigner, c'est promis. Mais il faut arriver au terme de cette course. C'est très important pour nous. Imagine la fête que l'on fera si l'on franchit la ligne dans les premiers. Champagne pour tout le monde !

Je ressens peu à peu les effets de la fatigue et du manque de sommeil. En fait, j'oscille entre des phases d'exaltation et d'abattement. Parfois, je suis même obligée de me faire violence pour changer une voile. Chaque effort me pèse. Je n'ai qu'une idée : arriver à la Guadeloupe ! Et peu m'importe mon classement…

Dans ce moment de fatigue morale et physique, je réalise pleinement l'exploit de ceux qui accomplissent un tour du monde en solitaire et sans escale. Je ne sais pas si j'en aurai un jour la force. Skipper un monocoque de 60 pieds, capable de faire des pointes à 20 nœuds, ne doit pas être de tout repos.

Retour à la réalité. J'ai bien assez de travail avec Gaïa ! Je dois vérifier la drisse de la grand-voile. J'escalade le cockpit et me dirige vers le mât. En me penchant sur une poulie, mon briquet glisse de la poche de mon tee-shirt, rebondit sur le roof et disparaît dans l'eau. Zut ! Je donne un coup de pied rageur dans le mât. Cette perte paraît insignifiante, mais elle va changer ma vie. En effet, je n'ai emporté qu'un seul briquet, toujours cette histoire de gain de poids ! Et sans feu, je ne peux plus allumer mon réchaud à gaz. Je suis donc condamnée à manger froid ! Mes rations de nourriture lyophilisée s'annoncent encore plus mauvaises que d'habitude. Je n'ose pas imaginer le goût du poulet basquaise baignant dans l'eau froide. Un vrai menu gastronomique trois étoiles ! Je m'en veux de ne pas avoir pris la précaution d'attacher mon briquet au pied du réchaud avec une ficelle. Cette mésaventure me servira de leçon pour ma prochaine course.

De mauvaise humeur, je retourne à la barre en bougonnant. Je n'ai même plus envie de parler à Gaïa pour me soulager. Que pourrais-je lui dire, d'ailleurs ? Que je suis une abrutie de première, une débutante qui s'est faite avoir comme un bleu !

Comme s'ils voulaient me remonter le moral, deux dauphins viennent jouer dans l'étrave de mon voilier. Le spectacle de leur ballet aquatique devrait me ravir de bonheur, m'exalter, car ce sont toujours des instants magiques. Pourtant, aujourd'hui, le cœur n'y est pas. J'ai seulement envie qu'ils plongent pour repêcher mon briquet…

29 octobre

Je me réveille en sursaut lorsque Gaïa rebondit violemment sur une vague. Le frottement de l'eau sur la coque devient entêtant à la longue. J'estime ma vitesse actuelle à 10 nœuds. Le temps doit se gâter. Un coup d'œil au cadran de ma montre m'apprend qu'il est 15 h 10. J'ai dormi plus d'une heure. Je déglutis pour chasser un mauvais goût de bœuf aux carottes, souvenir désagréable de mon dernier repas froid !

À travers le hublot balayé par des embruns d'écume, j'aperçois le plafond nuageux, bas et menaçant. Pas de doute, j'entre dans une nouvelle dépression. Le bateau suit l'axe des vagues. D'un bond, je me lève. Au même moment, je sens l'arrière du bateau se soulever, porté par une vague déferlante. Je perds l'équilibre et tombe sur le coin de ma couchette. Je lâche un juron en me relevant. Gaïa plonge alors en avant, se plante dans l'eau et se couche sur bâbord. Tout vole dans la cabine. Le voilier met d'interminables secondes à se redresser

Histoire vécue

dans un craquement sinistre qui me fait froid dans le dos. La quille ! Elle est en train de céder.

Que se passe-t-il Gaïa ? Réponds-moi...

Comme une furie, je sors sur le pont. Un paquet d'eau glaciale m'accueille. La mer est déchaînée et le vent siffle méchamment dans les haubans. N'ayant aucun moyen d'inspecter la quille, je décide de réduire ma voilure pour soulager le bateau. Frénétiquement, je prends trois ris dans la grand-voile. Mon cœur bat à toute allure. Pour la première fois, je n'en mène pas large. Un deuxième craquement me donne raison. Cette fois, j'en suis certaine, les boulons de la quille lâchent, les uns après les autres.

Je me force à garder la tête froide. Je dois analyser la situation. Le pire, dans l'urgence, c'est de faire n'importe quoi et d'aggraver les choses. Je décide d'affaler la grand-voile et de ne laisser que la trinquette[5]. J'ai juste le temps de terminer cette opération qu'un dernier craquement retentit. Subitement, Gaïa perd toute stabilité. Plus de doute, la quille vient bel et bien de se détacher. L'heure est grave ! À la prochaine déferlante, le voilier se retournera comme une crêpe. Il ne me reste que très peu de temps avant cette fin inévitable.

Me sachant condamnée, j'agis alors avec un sang-froid qui me surprend. Premièrement, donner l'alerte : je déclenche ma balise de détresse et la

---

5. Trinquette : petite voile d'avant utilisée par gros temps.

balise Argos qui permettra au secours de me localiser. Puis, je largue mon canot de sauvetage qui se gonfle automatiquement au contact de l'eau. Je vérifie que le bout qui le relie à Gaïa est suffisamment long et bien fixé. Je n'ai aucune envie de dériver seule sur cette minuscule embarcation, difficile à repérer dans l'immensité de l'océan. J'enfile rapidement ma combinaison de survie et récupère quelques réserves de nourriture ainsi qu'un jerrican d'eau. Dans ma hâte, j'ai même la présence d'esprit de prendre mon journal de bord, mon passeport et ma Carte bleue que je glisse dans un sac plastique étanche.

Mais, au moment où j'essaie de lancer un ultime appel radio, une vague couche Gaïa sur tribord. J'ai tout juste le temps de sortir de la cabine et de sauter dans le canot de sauvetage.

J'assiste alors, bouleversée et impuissante, au naufrage de Gaïa. Le mât s'enfonce lentement dans l'eau, puis la coque se retourne laissant apparaître une coupure nette au niveau de la quille.

J'ai envie de pleurer. C'est la fin de notre course et d'une belle aventure. Je ne réalise pas vraiment que ma vie est en danger, j'ai surtout mal pour Gaïa.

C'est fini mon vieux. Tu es mortellement blessé, mais accroche-toi... Tu ne finiras pas en épave au fond de l'océan. Je vais tout faire pour sauver ta peau. Je ne t'abandonnerai pas. C'est promis.

Mes paroles sont dérisoires et ridicules mais, au fond de moi, j'ai l'impression de vivre la fin d'une grande histoire d'amour.

30 octobre

Seule sur mon canot de sauvetage, engoncée dans ma combinaison de survie, je vois les heures défiler à une lenteur exaspérante. L'inactivité me pèse. À part m'alimenter et boire régulièrement, je n'ai rien à faire. Juste à attendre un sauvetage.

Le furoncle de mon poignet m'élance de plus en plus. C'est curieux, tant que j'étais active, je faisais totalement abstraction de cette douleur lancinante. Alors que, maintenant, celle-ci est bien présente.

Je me repasse vingt fois dans la tête le film de mon naufrage, en analysant chacune de mes réactions. Je m'en veux de m'être endormie pendant que le vent s'est levé.

Tu aurais pu me prévenir, Gaïa. On aurait évité une catastrophe. Pourquoi m'as-tu laissée dormir ?

Inutile de se lamenter. Il est trop tard maintenant. J'aurais peut-être dû abandonner la course lorsque j'ai remarqué l'écrou défectueux de la quille. Ai-je fait une erreur de jugement en continuant ? Nul ne pourra le dire. Mais, si j'avais jeté l'éponge, j'aurais toujours regretté de ne pas être allée au bout de mes possibilités.

Malgré ces moments difficiles, ma passion pour la voile reste intacte. Sur mon canot pneumatique, perdue au milieu de l'océan, je fais le serment de m'inscrire à la prochaine Mini-Transat.

Hé, tu m'entends Gaïa ? L'année prochaine, on remet ça ensemble. Et cette fois, on va leur montrer ce qu'on sait faire.

Malheureusement, la vision de la coque retournée de Gaïa me ramène vite à la réalité.

Je vérifie le fonctionnement de ma balise Argos. Elle clignote à intervalles réguliers. À cette heure, ma position a certainement été repérée et communiquée à tous les bateaux qui croisent dans le secteur. Je garde mes fusées de détresse à portée de main, prêtes à l'emploi. Toutes les quinze minutes, je m'oblige à balayer du regard la surface de l'océan à la recherche d'un bateau.

Une bouffée d'angoisse m'envahit lorsque je pense à ma famille et à tous ceux qui m'ont soutenue. Ils doivent vivre des heures terribles. Je refuse de céder à la panique. Pourtant, je ne suis qu'un petit bouchon en perdition sur l'océan. Ma situation est loin d'être enviable. Si le mauvais temps s'installe, le canot court le risque de se retourner. Et là, je ne donne pas cher de ma peau, même avec une combinaison de survie.

31 octobre

Dans la lumière diaphane de l'aube, j'aperçois une fumée à l'horizon. Un cargo ! Je tire immédiatement une fusée de détresse dans sa direction. La fusée monte loin au-dessus de ma tête et redescend, très lentement, dans un halo de lumière rouge.

Je prie pour que l'officier de quart aperçoive ce point lumineux. Puis, j'envoie une deuxième fusée dès que la première tombe dans l'eau.

Je jette un coup d'œil à Gaïa. Sa coque retournée flotte entre deux eaux. J'ai mal pour lui. Je l'encourage :

Tiens bon ! Encore un petit effort. On vient nous chercher.

Le cargo se rapproche. Pas de doute, il m'a repérée. Mon calvaire touche à sa fin. J'exulte. J'ai envie de danser de joie.

Je distingue parfaitement sa superstructure : c'est un gros porte-conteneurs battant pavillon panaméen. Il fait sonner sa corne à deux reprises. Ce long mugissement me ravit. Toute excitée, j'agite les bras en guise de réponse.

Le cargo salvateur n'est plus qu'à une centaine de mètres. Je réalise alors que le sauvetage ne va pas être aisé. La houle est bien formée et je ne suis qu'un minuscule point en comparaison de sa lourde coque d'acier.

Le capitaine réduit le régime des moteurs et amorce une manœuvre pour venir se ranger près de moi. En marin averti, il m'aborde contre le vent.

Sa coque est toute proche. Je lève la tête et aperçois des hommes sur la passerelle qui me font des signes de victoire. Drôle de victoire, si ce n'est celle d'être sauvée ! Avec mes mains, je pagaie frénétiquement pour me rapprocher de la coque.

Soulevé par une vague, le cargo heurte de plein fouet la coque blanche de mon voilier qui se fend sur toute sa longueur.

GAAAIA… Non !

Impuissante, je vois l'eau s'engouffrer dans cette blessure béante. Le rêve de sauver mon voilier s'effondre. Dans un ultime réflexe, je dénoue le bout qui me relie à lui.

Des voix m'interpellent en anglais. Puis, on me lance une échelle de coupée. Avant de l'agripper, je glisse mon journal de bord dans ma combinaison de survie. Maladroitement, je grimpe un à un les échelons métalliques. À mi-parcours, je me retourne et vois mon cher Gaïa disparaître à jamais dans un tourbillon de bulles.

Le Chagrin des Jaloux

d'Émile Desfeux
illustré par Marc Bourgne

La ville

Dans la cité des Oisillons, les barres d'habitation ont vingt-cinq étages, trois cents mètres de long et tellement de portes d'accès que les 26 lettres de l'alphabet sont insuffisantes. Pour la végétation, seules quelques rares touffes d'herbe poussent, ici et là, sur les bords des parkings.

Marcus vient de fêter son dix-septième anniversaire et, pour l'occasion, sa sœur Aïda lui a envoyé un jogging, veste et pantalon, digne d'un rappeur professionnel.

Sentiments

Depuis deux mois que leurs parents sont décédés, Marcus vit seul et sa grande sœur, Aïda, habite en Italie avec son mari. Marcus est en formation professionnelle. Enfin, normalement, quand il trouve le temps… c'est-à-dire pas souvent ! La cité, les copains, les travaux à faire chez les voisins et les amis des voisins, ça prend du temps. Briquer, repasser, repeindre, cuisiner, entretenir, bricoler, il aime ça et y excelle.

Marcus est donc plutôt un gars sympa.

Il n'a qu'un défaut : la mythomanie. Il invente sans cesse faits et gestes qu'il n'a jamais accomplis et essaie de se forger une identité conforme aux personnages qu'il voit à la télé. Et comme il a du talent, Marcus peut faire croire n'importe quoi à n'importe qui.

Chez les jeunes des Oisillons, en tout cas chez les petits frères, Marcus c'est un peu un mythe.

Aujourd'hui, c'est le printemps ! Alors Marcus met sa nouvelle tenue et descend se pavaner.

– Eh dis, quoi, Marcus, tu t'es fait une banque ?

La petite bande des jeunes de la barre B escalier Z s'étonne et admire.

– C'est un cadeau…, dit Marcus.

– Whah l'autre ! Vas-y et de qui ?

N'importe qui répondrait : « De ma sœur, pour mon anniversaire. » Mais Marcus invente :

– Je ne peux pas le dire.

– Whah l'autre ! Vas-y et pourquoi ?

La bande voit déjà se profiler un être mystérieux

donnant des cadeaux mystérieux en récompense d'activités mystérieuses.

Sauf Hamid.

Hamid fait partie des plus vieux. Il n'a ni le prestige ni le physique avantageux de Marcus.

— Toi, t'as toujours des secrets, tu fais le mariol. Mais, finalement, on ne sait pas si t'en as ou pas.

Tout le monde se tait, médusé. Dans la cité, un énoncé pareil équivaut à une gifle au temps des duels et, normalement, a les mêmes conséquences. Mais Marcus sourit :

— Ah, ouais ? Tu dis ça parce que t'as mis le feu à une voiture l'année dernière ? Une vieille bagnole rouillée... et pour ça, toi, t'aurais du cran ?

Hamid, qui s'attendait à une partie de boxe, est déstabilisé.

— Ben quoi ? Au moins, moi, je me suis fait une voiture !

— Mon pauvre Hamid, se moque Marcus, des trucs comme ça, j'en fais des dizaines par jour ! Mais des trucs intelligents ! Faire sauter des voitures... c'est pour les débiles !

Hamid, vexé, saute sur l'occasion.

— Je demande à voir. Montre-moi un truc intelligent. Rendez-vous ce soir.

Là, Marcus est mal. Il n'a pas tellement envie de faire l'idiot. Se faire remarquer par la tchatche, O.K. c'est facile... Seulement, cette fois-ci, il sent qu'il ne pourra pas s'en tirer avec une de ses pirouettes habituelles. S'il ne s'exécute pas, il perd la face. Pour toujours. Il répond donc, d'un ton détaché :

— À ce soir, minuit, aux Primevères.

Sur ce, Marcus tourne le dos au groupe et va faire quelques paniers avec les grands dans la cour B des bâtiments D et E. Mais le cœur n'y est pas vraiment.

À minuit pile, vingt gamins plus Hamid, allongés près des voitures dans le parking de la cité des Oisillons, face au bâtiment H, contemplent Marcus.

— Bon, ce soir, j'ai décidé de vous montrer un truc bien. Cette cité est vieille et moche, vous êtes d'accord ? Alors je vais la repeindre. Enfin, juste ce pan de mur. Pour le reste, on verra.

Marcus voit qu'il a déçu. Les gamins détournent les yeux. Hamid sourit et dit :

— Bon, ben, salut les enfants, je vous laisse à votre atelier peinture.

Marcus ne se démonte pas :

— J'ai dit que j'allais repeindre cette cité... mais à ma façon. Je l'ai déjà fait trois fois et j'ai eu un prix pour ça du côté de Toulon. Alors, écoutez et regardez...

Marcus sait exactement ce qu'il veut faire. Il a récupéré le matériel nécessaire à sa fresque : une bonne vingtaine de vieilles bombes de peinture. En tags, il sait se débrouiller, il lui suffit juste de laisser aller son imagination. Sa création sera fabuleuse, dût-il y passer la nuit. Et de toute façon, il n'a pas le choix, sa réputation est en jeu.

Il dispose tout son stock de peinture près d'une voiture, une BMW flambant neuf, en notant qu'il doit faire attention à ne pas l'asperger. Marcus se soucie des voitures et des gens. Abîmer les unes et ennuyer les autres ne sont pas dans sa nature. Sous le regard attentif de son public, Hamid compris, il se lance dans sa fresque.

Après deux heures d'un travail magnifique – même Hamid est bluffé –, il prend un peu de recul et s'allume une cigarette avec une allumette.

Il recule un peu plus pour regarder l'œuvre dans son ensemble… se heurte à la voiture… marche sur une bombe de peinture… et lâche l'allumette.

Immédiatement, le jet de peinture s'enflamme.

Whloshhh ! La voiture flambe comme une étoile filante.

Ils détalent tous. Sauf Marcus qui a du mal à réaliser ce qu'il a fait.

Après quelques minutes, la BMW explose en feux d'artifice. Et c'est là que les copains prennent Marcus en photo : le pied levé, en pleine course, une boule de feu qui crame le ciel derrière lui. Du grand spectacle !

Les gamins exultent. Hamid hausse les épaules, humilié.

Marcus, horrifié et brisé, essaie de dormir tandis que, dans le lointain, résonnent les sirènes des pompiers.

Les copains de Marcus, quand ils font une photo, c'est pour la montrer.

Une fois développée, la photo de Marcus circule chez les jeunes de la cité des Oisillons et il

Sentiments

faut croire bien au-delà, car elle tombe entre les mains du propriétaire de la BMW, le dénommé Kevin.

Parrain cruel et incontesté d'une bande de malfrats de cités, Kevin avait assisté impuissant, de sa fenêtre, au sacrifice de son véhicule. Il avait ensuite longuement maudit les parents, les grands-parents et les ancêtres du coupable. Après trois jours continus de rage – il en est aux super aïeuls du début du Néolithique –, il pâtit d'une extinction de voix.

Ce même jour, Grave, l'un de ses acolytes, agite une photo devant ses yeux. Kevin y voit Marcus, en pleine course, sur fond d'explosion de la BMW tant aimée. Détail insoutenable, le capot ainsi que la plaque d'immatriculation parfaitement lisible, arrachés par l'explosion, planent dans l'air à quelques mètres de la tête de Marcus, comme pour désigner l'assassin de la voiture.

Kevin sourit. Il tient sa vengeance : Marcus sera obligé de travailler pour lui, jusqu'à ce qu'il gagne assez d'argent pour racheter trois BMW du même modèle super luxe.

Pendant ce temps-là, Marcus, en proie aux remords, se reproche d'avoir agi comme un crétin vis-à-vis des petits frères, d'avoir causé un dommage au propriétaire de la voiture qu'il ne connaît même pas, et d'avoir encore une fois cédé à la tentation de se faire mousser.

Lorsque résonne la sonnette de son appartement, Marcus croit qu'il s'agit de l'agent du recensement et ouvre.

Le traitement contre les remords et la culpabilité commence tout de suite avec deux claques à faire pâlir les portes métalliques de la SNCF. Les acolytes de Kevin relèvent Marcus à coups de pied dans le ventre, lui allongent une nouvelle paire de baffes, et lui font part de la sentence.

Marcus s'incline et saute dans la peau du lâche, du veule, du traître. La peur aidant, il réalise là l'une de ses meilleures prestations : la voix, le ton, l'attitude, tout est parfait.

– D'accord. D'accord. Y a pas de lézard. Je vais voir Kevin. Vous lui dites que je suis d'accord.

Fiers de s'être montrés si convaincants, les

petites frappes se retirent. Dix minutes plus tard, le temps de jeter quelques vêtements dans son sac et de casser sa tirelire, Marcus bat le record du monde du 1 000 mètres obstacles.

Sac à dos sur l'épaule, il s'engouffre dans un train. La rame s'ébranle, la cité s'éloigne.

Plus le temps passe, plus Marcus prend la mesure du pétrin dans lequel il s'est fourré... et plus il a la trouille.

Le problème est qu'il ne sait pas où aller et qu'il possède, en tout et pour tout, deux cents francs. Pour se distraire de son stress, Marcus ramasse un journal gratuit de petites annonces qui traîne sur le siège d'en face. Il le parcourt distraitement, il n'a pas vraiment le cœur à ça. Pourtant, à la rubrique « Propositions diverses », une annonce retient son attention :

> *Urgent. Marin chevronné, possédant bateau haute mer équipé plongée, cherche plongeur expérimenté pouvant s'absenter de France pendant plusieurs mois. Nourri et logé à bord. Téléphoner à Sylvestre Ochon, Concarneau, Bateau*
> Le Chagrin des Jaloux.

Marcus lit deux fois l'annonce, se frotte les yeux, puis la relit encore deux fois. C'est un miracle ! Il se sent *illico* aventurier ! Qu'il le cherche, Kevin ! L'incendiaire de la BMW quitte la France en bateau ! La classe !

Plus sérieusement, il envisage l'avenir. Des mois en mer, des mois de vacances.

La formation pro ? Il a déjà arrêté. La cité, les copains ? De toute façon, il y est grillé. Aïda, sa sœur ? Il lui écrira. L'appartement ? Son cœur se serre. Il sait que Kevin le fera sauter, quitte à faire exploser l'immeuble.

Mais, c'est décidé, il tentera sa chance à… euh… Concarneau.

Au revoir la banlieue, bonjour la mer !

À peine sorti de la gare, Marcus se renseigne à la mairie :

— Comment devient-on plongeur ?

— Il faut obtenir un brevet. En ville, dans certaines piscines, il existe des clubs où l'on apprend la plongée, sous la surveillance de moniteurs diplômés.

— M'dame, siuplé, vous avez les adresses ?

En possession de la précieuse liste, Marcus file aux adresses indiquées. La première et la deuxième piscine sont fermées. Rien à faire. La troisième est ouverte. Il achète un ticket. On entend au loin la voix du moniteur qui fait son cours. Les vestiaires du personnel sont déserts. Marcus fouille partout et s'empare d'une carte professionnelle de moniteur de plongée. Il quitte la piscine puis, assis devant un Coca, s'adonne à une intense activité de faussaire : changer le nom et l'âge sur la carte, décoller la photo du moniteur, et coller sa bouille en photomaton à la place. Le voilà devenu Marcus Hardy, 22 ans, moniteur de plongée.

« Et maintenant, le marin ! », se dit notre héros en pianotant sur les touches du téléphone.

– Allô ? Bonjour monsieur Ochon. Je m'appelle Marcus… Hardy. Je téléphone pour l'annonce…

– Ah, oui, bien sûr. La place est toujours libre. Vous connaissez la plongée sous-marine ?

Marcus respire à fond.

– Je suis moniteur.

– Très bien ! Alors, venez me voir. Je vous préviens, je suis exigeant : j'ai déjà refusé… euh… neuf candidats.

Marcus sourit. Ce gars-là ment ! Marcus est spécialiste en la matière. Tant mieux, s'il ment, c'est qu'il a quelque chose à se reprocher. Il sera d'autant plus facile à mettre en poche.

Il raccroche. Il faut aller à Concarneau. C'est où ? En Bretagne ! Il fait ses comptes : sur les deux cents francs, entre le RER, le métro, la piscine, le photomaton, la colle, le stylo et le Coca, il ne lui reste que trente francs à peine. Peu importe !

Il trouve la gare, monte à bord du train, et c'est parti : direction Concarneau. Ce n'est pas un train rapide, il s'arrête partout. Soudain, Marcus aperçoit des contrôleurs de la SNCF. Ouille ! Il n'a pas de billet.

– Où allez-vous jeune homme ?

Marcus improvise.

– À Paris. J'ai pris le train en courant, c'est pourquoi je n'ai pas de billet.

– Mais, mon pauvre garçon, vous vous êtes trompé de voie ! Ce train va à Concarneau ! Descendez à la prochaine gare et reprenez le train en sens inverse !

Marcus remercie mille fois, descend à la gare indiquée, remonte dans le même train, après avoir pris soin de choisir un compartiment où les contrôleurs sont déjà passés. Il se couvre le visage avec le journal de petites annonces et s'endort comme une masse.

Le marin

Lorsqu'il se réveille, Marcus est arrivé.

Cela lui fait drôle : l'air ici est différent. Les maisons et les immeubles (c'est un bien grand mot !) aussi. Même les gens. C'est… reposant !

Il téléphone de la gare.

– Monsieur Ochon ? Hardy. Je suis à la gare de Concarneau.

Pendant qu'il attend, Marcus se demande de quoi peut bien avoir l'air un « marin chevronné ».

Il n'est pas déçu.

Sylvestre Ochon est plus large que haut, a un collier de barbe et une ancre tatouée sur un avant-bras musculeux.

De son côté, Ochon aperçoit le plus jeune moniteur de plongée qu'il ait jamais vu. Il pense : « Ils les arrachent au berceau pour les entraîner maintenant… »

Ochon est un vieux plongeur. Il a tout connu : le scaphandre, le narguilé et les premières bouteilles. Que d'hélices repêchées, d'épaves explorées, de conduits et de câbles réparés... Aujourd'hui, à 67 ans, il aurait dû être à la retraite, s'il avait eu assez d'argent pour en profiter.

Cinq ans auparavant, il avait investi toute sa fortune dans un yacht pour réaliser son rêve d'enfance et passer ses vieux jours dans les mers du Sud. Mais, une nuit, le yacht avait entièrement brûlé avec toutes ses affaires. Les assurances n'avaient pas cru en sa bonne foi. Et à 62 ans, il s'était retrouvé sans rien.

Courageusement, il avait remonté la pente, travaillant de-ci de-là, acceptant des tâches que d'autres auraient refusées. Des besognes parfois à la limite de la légalité, comme celle pour laquelle il cherchait aujourd'hui un équipier.

À force de travail et de débrouillardise, Ochon avait fini par s'acheter un vieux langoustier et du matériel de plongée daté mais solide. Si tout allait bien, ce serait son dernier boulot. Après, il pourrait vraiment prendre sa retraite sur un yacht plus petit que celui dont il rêvait, mais un yacht tout de même.

Même s'il n'a plus la force d'un jeune homme, Ochon a accumulé des trésors d'expérience. Malgré son ignorance en la matière, Marcus le sent bien : le vieux marin n'est pas un guignol. Il faudra jouer serré. En se dirigeant vers le port de Concarneau, Ochon lui explique :

– J'ai rafistolé un langoustier breton en chêne. Avec son vieux moteur monocylindrique indestructible et son énorme hélice, car il faut de la puissance pour pousser un bateau dont le fond est plein d'eau…

– Comment ça, plein d'eau ? s'inquiète Marcus.

– Et oui ! Pour arriver vivantes des côtes africaines, les langoustes ont besoin d'eau de mer. Alors la cale communique avec la mer par des fenêtres grillagées. Le moteur doit pousser tout ça.

Ochon hésite un instant et lâche son mensonge :

– Bref, je cherche un équipier pour la pêche à la langouste. Tu t'y connais en pêche ?

En un instant, Marcus sait qu'il ne faut pas mentir. Pas maintenant, pas sur ce détail mineur. On le recrute pour la plongée, pas pour la pêche.

– La pêche, je connais un peu ; mais à la langouste, ça non !

Sylvestre rétorque, soulagé que son mensonge soit passé sans encombre :

– Tu verras, c'est pas bien compliqué.

Ils arrivent sur le quai. Ochon le fait monter sur un minuscule canot pneumatique et pagaie dur jusqu'à un bateau trapu, à l'air costaud comme lui.

Sur le pont, dans un ordre parfait, on trouve tout ce qu'il faut pour la plongée : compresseurs, bouteilles, combinaisons. Marcus regarde attentivement, sans savoir à quoi ça sert, mais en donnant l'impression de tout connaître.

– Du beau matos que vous avez-là, monsieur Ochon !

– Tout est prêt pour le départ : les réservoirs d'eau et de fioul sont pleins, et il y a à boire et à manger.

– Je vois, je vois...

Ce que ne voit pas Marcus, tout occupé à chercher ce qu'il pourrait dire pour paraître intelligent, c'est que Sylvestre Ochon est pressé.

Jusqu'ici, ceux qui avaient répondu à sa petite annonce s'étaient désistés : en voyant le bateau, l'équipement de plongée et aussi – c'était le plus cruel – en voyant Ochon lui-même. D'ailleurs, la veille, un grand costaud avait « méprisablement » rejeté sa proposition en lui disant :

– Vous devriez raccrocher. Je ne pourrais pas vous avoir comme équipier. Vous êtes trop vieux.

Ochon avait failli balancer le prétentieux à la mer.

Bref, il était prêt à recruter n'importe qui, même un marin d'eau douce s'il le fallait. Il n'en pouvait plus d'attendre. Ce qu'il allait chercher là-bas, au large de l'Afrique, attendait depuis trop longtemps. D'ailleurs, il était peut-être déjà trop tard.

Aussi, quand Marcus lui présente sa carte de moniteur, Ochon, qui le trouve sympa, est aux anges. Malgré ses traits enfantins, le gars est robuste et il a l'air d'en vouloir.

Ochon lui demande pourquoi il veut s'embarquer. Marcus mêle mensonge et vérité :

— J'aime l'aventure. Dans la famille, on est tous plongeurs de père en fils. Et puis, je ne veux plus voir de voitures. Je les déteste. Je fais une allergie à l'automobile. La ville, j'en ai marre, conclut Marcus avec la sincérité de celui qui dit vrai.

Ochon le prend pour un « écolo » enflammé. Il n'hésite plus :

— Bien, bien. Si t'es prêt, on appareille tout de suite. Où sont tes bagages ?

Marcus montre son sac à dos. Ochon n'a pas le temps de s'étonner de ce moniteur qui part pour un an avec quatre paires de chaussettes, trois slips et deux tee-shirts. Il veut lever l'ancre tout de suite pour profiter de la marée montante, et avant que le moniteur ne change d'avis.

Le moteur ronronne. Tump, tump, tump, tump… Le départ de Concarneau est féerique : mer d'huile, pas un souffle de vent, soleil.

La mer

« Alors c'est comme ça la haute mer ? » pense Marcus, après trois jours de navigation. Accoudé au bastingage, il regarde son image se refléter dans le miroir d'eau. « C'est archicool. Il fait bon et c'est mieux que la cité. »

Aujourd'hui, miracle : calme plat dans le golfe de Gascogne où, d'habitude, c'est l'enfer. Et, second miracle, cette mer d'huile continue jusqu'aux Canaries.

Marcus, qui a l'habitude de cuisiner et de nettoyer la maison, fait la même chose à bord avec naturel.

La mer lui plaît, et quelle divine sensation d'être loin de la cité et de la vengeance de Kevin !

Quant à Ochon, il est aux anges ! Un plongeur qui cuisine comme un cordon bleu et qui passe le reste du temps à astiquer tout ce qui peut l'être, c'est un rêve éveillé ! D'autant que Marcus n'est pas curieux, il n'a même pas demandé où ils vont.

Une semaine passe ainsi : beau temps, sieste, nettoyage et bonne bouffe.

Les deux hommes parlent peu et s'apprécient ainsi, chacun gardant ses secrets. Passé le Portugal, la mer se creuse à peine. Ce n'est pas grand-chose, juste la houle large et tranquille de l'Atlantique. Pourtant, Marcus, surpris, connaît une terrible crise de mal de mer. Ochon en est étonné. Mais ça peut aussi arriver aux meilleurs ! D'ailleurs, très vite, Marcus s'habitue et trouve même ce continuel balancement marrant. Il vient d'acquérir le pied marin.

Le but du voyage approche.
– Marcus ?
– Oui, capitaine ?
– Il faut vérifier les joints.

Ochon fait allusion aux joints des bouteilles et des détendeurs. Mais Marcus lui adresse un regard sec.

— Désolé, je ne touche pas à la drogue, et je n'y toucherai jamais, dit-il d'un ton définitif.

Ochon le regarde pour voir s'il plaisante ; mais Marcus a l'air on ne peut plus sérieux. Ochon ne sait comment réagir. C'est bizarre.

Le vieux marin, sous prétexte de « routine », teste alors les connaissances de plongeur de Marcus. Il en est ahuri, catastrophé ! Le moniteur Hardy l'a trompé : il est au niveau zéro de la plongée. Il sait à peine nager et n'a, de toute évidence, jamais sanglé une bouteille sur son dos. Mais, il est trop tard pour faire machine arrière.

Ochon est un homme juste. Si Marcus est à bord, c'est à cause de lui, et il le sait. Après tout, il l'emmène dans une aventure qui, si elle n'est pas illégale, n'est pas très légale non plus. On pourrait la classer sous l'étiquette « aventure à risques » : ce genre d'agissements qui ne fait de mal à personne sauf, parfois, à ceux qui les accomplissent.

Que faire ? La fibre paternelle d'Ochon s'en mêle. Le garçon est sympathique, travailleur et apparemment en fugue. Il a menti c'est vrai, mais est-ce là une raison suffisante pour l'accabler ? Ochon se souvient de sa propre adolescence, de sa recherche d'une identité qui lui convienne avant d'avoir trouvé la voie du grand bleu. Ne vaut-il pas mieux aider Marcus à devenir ce qu'il prétend être ?

Patiemment, Ochon explique à Marcus toutes les astuces de la plongée. Il lui fait monter et démonter bouteilles, détendeurs et compresseurs, en ayant soin de dire à chaque fois : « On fait comme si tu ne savais rien. »

De son côté, Marcus vient de réaliser qu'il est découvert. Malgré les efforts d'Ochon pour ne rien laisser paraître, il sait que le vieil homme a deviné qu'il est un menteur, un mythomane, un pauvre type qui a tout dans la gueule et rien dans les tripes. Pour la première fois, Marcus a honte.

Néanmoins, il comprend que Sylvestre veut l'aider et saisit l'occasion au vol. Apprendre à être plongeur, pourquoi pas ? C'est un métier après tout.

D'autant plus qu'Ochon est un brave homme. Il explique les choses comme seul un autodidacte peut le faire, si bien qu'au fil des jours, Marcus se découvre une vraie passion pour tout ce qui concerne la plongée.

Un matin, aucun bruit de moteur. Marcus sort sur le pont. Devant, derrière, à droite et à gauche : la mer. Le ciel, immense, domine tout. Ochon a ancré son langoustier sur un haut fond, au beau milieu de l'Atlantique.

– On y est ?

– Non, pas encore. Avant d'arriver, on va reprendre les exercices, histoire de se remettre en tête les procédures.

Le bateau se balance tranquillement sur la houle. Mais, avec une bouteille de quinze kilos sur le dos et des palmes aux pieds, se déplacer devient un vrai problème.

– Marcus, tu choisis : ou tu te bascules depuis le

franc-bord et tu atterris sur le dos, ou tu sautes pieds joints.

Basculer ? Quelle horreur ! On ne voit pas où l'on va. Marcus préfère sauter à pieds joints. Plouf et blam !

La bouteille lui donne une gifle sur la nuque et les palmes lui font faire le grand écart. Mais, au diable les petits bobos ! Il faut vérifier que tout marche, que la réserve est pleine, le sondeur en place et la bouée Fenzi bien sanglée. Il a tellement de recommandations en tête qu'il en oublie que c'est son baptême de plongée. Même pas le temps d'avoir peur. Il veut montrer à Sylvestre qu'il a compris et qu'il aime ça. Qu'il n'est pas qu'une grande gueule…

L'eau est claire et, sous le bateau, s'étend une colline de sable blanc. Entre le sommet de la colline et la quille, quarante mètres d'eau. Et dans ces quarante mètres d'eau, une raie manta, noire et blanche, avec une bouche assez large pour engloutir un scooter, s'approche de lui en agitant élégamment ses quatre mètres de nageoires.

Marcus, terrifié, en oublie les recommandations d'Ochon. Il panique, veut crier, mais l'eau lui arrive à moitié dans la gorge :

– Au segloub… au segloub… un mon… gloub… stre !

D'un coup de palme, il remonte en crachant.

La raie manta, après l'avoir regardé, se laisse couler dans les flots bleus.

Certes, Ochon est pressé, mais il veut un équipier au top lorsqu'ils plongeront. Alors, pendant plusieurs jours, l'entraînement se poursuit. Les plongées se succèdent jour et nuit. Marcus apprend à se défaire de sa bouteille, à la poser sur le fond, à s'éloigner d'elle en apnée pour ramasser des objets qu'Ochon a jetés depuis le bateau, et à y revenir à intervalles réguliers pour respirer. Il se révèle très doué. Même sans sondeur, il « ressent » la profondeur et affiche une prudence et une maîtrise digne d'un plongeur chevronné. Il apprend aussi à éloigner les requins – bien plus dangereux que l'innocente raie manta avaleuse de plancton – en répandant un mélange de soufre et de bicarbonate dans l'eau.

Ochon, qui avait craint le pire, se prend d'estime pour ce garçon bizarre qui, en quelques jours, a changé du tout au tout. Et, mine de rien, il est fier de voir son élève progresser aussi vite.

Après un mois, Sylvestre Ochon sent que c'est à lui de se dévoiler et de révéler à Marcus l'objet du voyage.

Ochon et Marcus, assis sur le pont, sont en train d'admirer un superbe coucher de soleil qui embrase l'horizon à 180 degrés.

— On met cartes sur table, dit Ochon simplement.

Marcus hoche la tête et raconte alors sa vie en banlieue, l'école, ses parents, sa sœur, les copains, la cité, les mensonges, le pari stupide avec Hamid, la voiture de Kevin…

Ochon réplique, d'un ton compréhensif :

– C'est quand on reconnaît ses erreurs, que l'on devient sage.

Puis, sans transition, il résume sa vie d'aventurier en cinq minutes, pour mieux se consacrer à l'explication de leur objectif.

– Il y a deux ans, j'étais plongeur à bord d'un cargo indonésien, le *Luang-Prabong*. On transportait une cargaison de mercure[1] liquide, et d'autres marchandises comme du poisson séché.

– C'est quoi le mercure ?

– C'est un métal argenté, très brillant. Il a la particularité d'être liquide. Tu en as peut-être vu dans un vieux thermomètre… C'est quatorze fois plus dense que l'eau de mer, ce qui veut dire qu'un litre de mercure pèse quatorze kilos.

– Ah, bon…

Ochon poursuit, les yeux perdus sur l'horizon.

– Le capitaine était chinois, l'équipage philippin et l'armateur géorgien. Le rafiot était en bout de course, on n'avait même pas de séparateur de cargaison à la cale. Bref, tout ce qu'il ne faut pas. On a pris une tempête dans les dents, la radio était en panne, on a coulé en une heure, en pleine nuit.

– Et alors ?

---

[1]. Mercure : le mercure est le seul métal liquide à température ordinaire. Sa température de fusion est de - 39 °C, celle d'ébullition de 356,9 °C. Sa densité est 13,6 fois plus importante que celle de l'eau.

— On s'est retrouvés à la flotte avec des bouées de sauvetage pourries, le poisson séché flottait tout autour et attirait les requins. J'avais ma combinaison de plongée, c'est ce qui m'a sauvé. À l'aube, j'étais seul.

— Et comment vous en êtes-vous tiré ?

— Accroché à un madrier, en bouffant du poisson séché. J'ai dérivé pendant cinq jours, puis un voilier m'a repêché.

— Eh ben ! fit Marcus très impressionné.

— Et nous, on va plonger récupérer ce qui reste de la cargaison, poursuivit Ochon. J'ai toutes les coordonnées du lieu du naufrage. J'ai repéré la profondeur de l'épave : soixante mètres.

— Vous voulez plonger sur l'épave ?

— Récupérer tout ce qui est possible. Je n'ai jamais été payé pour ce boulot. Le mercure, à la revente, ça peut valoir pas mal. Je sais à qui le refourguer.

Puis, Ochon parle de son rêve, du yacht et des mers du Sud. Après un court moment de silence, Marcus reprend :

— Mais il n'y a pas de proprio, pour la cargaison ?

— Théoriquement, elle appartient à l'assurance. Mais depuis le temps...

Marcus sourit malicieusement :

— Alors, c'est cool ?

Ochon rigole.

— Disons que c'est « à demi cool », comme tu dis. Chaque pays possède des eaux territoriales. L'épave repose dans les eaux internationales. À 250 kilomètres de là, au large du golfe de Guinée, il y a une petite république, São Tomé & Príncipe, presque sur la ligne de l'équateur. Normalement, c'est hors de leurs eaux territoriales. Mais tu sais, dans ces coins-là, c'est la loi du plus fort... Si on est pris, on perdra tout et je ne sais pas ce qu'on deviendra. J'aurais dû te le dire à Concarneau. Je suis désolé.

L'épave

Au fur et à mesure qu'ils approchent du but, il fait de plus en plus chaud, sans un brin de vent, et l'océan est de plus en plus calme. Ils arrivent enfin à l'endroit du naufrage. Marcus fait décrire au *Chagrin des Jaloux* des cercles de plus en plus serrés. Ochon manipule le sonar qui les aidera à localiser l'épave du *Luang-Prabong*.

Pendant des heures, le moteur au minimum, ils tournent sous un soleil de plomb. Une légère brume couvre la houle lente. Tout à coup, Marcus sursaute car Ochon a crié.

– Ça y est ! Je l'ai ! Le courant l'a déplacée !

Il en a les larmes aux yeux. L'épave est encore là. Personne n'y a touché !

Tout excité, Ochon note les nouvelles coordonnées.

– Marcus, il faut plonger. Tu ne rejoins pas l'épave, tu la survoles, juste pour voir son état. Ne descends pas à plus de quarante mètres.

Marcus se glisse dans l'eau chaude et claire et pénètre dans le monde du silence, au rythme des bulles d'air qui s'échappent du détendeur. En bas, sur le bord d'un plateau sous-marin : l'épave. Le cargo, brisé en deux, fait un angle bizarre. Une moitié repose sur le plateau, tandis que l'autre, reliée à la première par un morceau de carène distordue, pend au-dessus d'un gouffre insondable, noir, abyssal. Marcus en a la chair de poule. Une colonie de mollusques et une forêt d'algues recouvrent presque totalement le métal.

En se tenant à l'aplomb de l'épave, Marcus laisse se dérouler un fil de Nylon auquel il a suspendu son sondeur.

L'épave est à soixante-six mètres de profondeur. Marcus sait que, pour travailler à une telle profondeur, il sera désormais obligé, après chaque plongée, de faire des paliers de décompression. Or, il est impossible de rester stable, sans appui, à partir d'une profondeur de quinze mètres. Remonté à bord, il expose le problème à Ochon.

– Il y a tout ce qu'il faut à bord, dit Ochon, mais ça va être chaud.

Il se met à marmonner et Marcus entend seulement « courant… instable… »

C'est la première fois que Marcus voit le vieux plongeur inquiet.

Ils larguent une gueuse[2] en fonte, reliée à un

---

2. Gueuse : (issu du bas allemand *Göse*, 1543) masse de fonte brute qui permet de lester.

gros flotteur par un câble de cinquante et un mètres.

— Après la plongée, on s'accrochera à la bouée le temps qu'il faudra pour respecter nos paliers de décompression. Et on pourra même y arrimer les bouteilles de sécurité.

— On fait ça quand ?

L'air de rien, Marcus n'est pas rassuré. Après avoir vu le gouffre, la mer lui paraît soudain hostile, avec ses vagues qui roulent jusqu'à l'infini.

— Tout de suite. Profitons du jour, parce qu'après on ne travaillera que la nuit. Je ne veux pas que l'on nous voit ancrés sur le site.

L'installation de leur chantier ne dure pas moins de cinq heures. Le plateau sous-marin est balayé par un fort courant et il leur faut trois gueuses pour que la bouée-palier soit bien stable. Marcus descend les bouteilles de gaz liquide vides qui remplissent la cale. Ce sont des récipients de quinze litres, qui pèseront deux cent vingt-cinq kilos une fois remplis de mercure et qu'il faudra remonter. Heureusement, Ochon a prévu un treuil, installé dans la cale à langoustes. Une fois que tout est mis en place, une vie étrange commence. Marcus et Sylvestre travaillent la nuit et dorment le jour, à plusieurs kilomètres de là, en se laissant dériver pour faire croire qu'ils pêchent. La nuit, dans l'obscurité des eaux, éclairée par les torches de plongée, l'épave est encore plus impressionnante : on dirait un tombeau égyptien. La carcasse est appuyée sur un relief rocheux, une sorte de terrasse qui domine un abîme de près de deux mille mètres.

Sous l'eau, Ochon et Marcus travaillent comme des fous. Même les muscles d'Ochon, pourtant rompus à l'exercice, souffrent le martyre. C'est comme un rituel : ils sortent une à une de l'épave les bouteilles contenant le mercure et les posent sur le sol rocheux du plateau sous-marin. Là, ils les ouvrent en cassant le col – car des coraux ont scellé les bouchons –, vident leur contenu dans des entonnoirs et remplissent des bonbonnes. Le mercure, plus dense que l'eau, s'écoule comme l'eau dans l'air. Le métal liquide brille à la lumière des torches électriques, en ruisselant lentement dans les entonnoirs.

Après plusieurs plongées, les deux hommes travaillent comme un seul corps. Ils ont pris un rythme efficace et le transfert du mercure se fait sans retard.

Marcus vit ces moments comme dans un rêve. La nuit, sous l'eau, il n'y a ni haut ni bas. Et, avec le chant lugubre du bateau, c'est parfois terrifiant. Ballotté par les courants, l'acier usé du bateau gémit et crie parfois. L'épave, elle-même, bouge. C'est imperceptible, mais Ochon le sent d'expérience.

Un soir de pleine lune, comme si la nouvelle de leur présence s'était répandue dans les profondeurs de la mer, ce sont les museaux pointus et

rieurs de dauphins qui se dessinent dans le halo des torches. Ceux-ci s'emparent soudain d'une bonbonne vide et veulent absolument jouer avec. À coups de bec, ils la déplacent, comme un ballon de football. Marcus et Ochon se voient obligés de faire une partie de foot sous-marin avec eux pour la récupérer.

Une autre nuit, des yeux phosphorescents grands comme une assiette à soupe apparaissent soudain et leur tournent autour à toute vitesse. Ce sont des orques, noires et blanches, de la taille d'une camionnette, qui viennent les taquiner en claquant des mâchoires, comme les danseuses de flamenco le font avec leurs castagnettes.

Quelques jours plus tard, sur les coups de trois heures, Marcus pénètre pour la dernière fois dans l'épave. Plus qu'une bouteille. Là-haut, *Le Chagrin des Jaloux* porte la quasi-totalité de la cargaison de mercure du *Luang-Prabong*.

À l'intérieur du cargo, Marcus sort le dernier récipient de mercure à travers une brèche de la coque. Il jette la bouteille sur le sable et s'apprête à traverser le trou comme d'habitude, lorsqu'un cri d'agonie, mi-basse d'orgue, mi-hurlement d'animal, résonne sous l'eau. Devant ses yeux horrifiés, la coque déchirée se déforme, refermant l'ouverture de la paroi.

Poussé par un courant plus violent, le bateau commence à basculer sur lui-même. Marcus, prisonnier de la cale du cargo, est projeté en arrière.

Ochon, à dix mètres de là, transvase le mercure. Alerté par ce bruit atroce, il regarde l'épave du *Luang-Prabong* qui bouge et sanglote.

Le bateau glisse vers l'abîme, entraîné par la moitié suspendue, maintenant plus lourde que celle appuyée sur le plateau, vidée du mercure qu'elle contenait. Ce terrible vacarme est causé par le métal torturé qui balafre la roche. Tout en nageant vers le cargo, Ochon réfléchit. Pas le temps de remonter chercher de l'explosif pour ouvrir une brèche. Alors ? Marcus ignore par où passer ; Ochon, lui, connaît le cargo comme ses poches. Il s'agit de faire sortir Marcus de ce piège avant que l'épave ne disparaisse tout entière dans l'abysse. Si la chute s'accélère pendant qu'ils sont encore à bord, c'est la fin pour tous les deux. Ochon met toute sa force dans ses coups de palme. Il entre dans l'épave par un large hublot brisé et se précipite comme un forcené dans les couloirs remplis d'algues et de murènes, dans le bruit infernal des vibrations. Enfin, voilà qu'apparaît la petite lumière de Marcus perdu dans le dédale des couloirs. Ochon l'attrape par la main et plonge plus profondément dans le cargo. « Est-il devenu fou ? » se demande Marcus.

Non, car le vieux plongeur file vers la chambre des chaudières, là où la cheminée d'évacuation des fumées forme un tunnel horizontal vers la liberté. Pour s'y engouffrer, ils abandonnent leurs ceintures plombées, et leurs bouées gonflées filent comme des fusées à travers la cheminée.

Dernier cri d'agonie de l'épave. Le *Luang-Prabong* abandonne la plate-forme et disparaît dans l'abîme. Un banc de poissons multicolores assiste à la scène et s'étonne de voir deux étincelles sombres et minuscules sortir de la cheminée du vieux rafiot et filer vers la surface.

Quand ils sortent de l'eau, à la lueur de l'aube, Marcus est livide. Ochon ne vaut pas mieux. Sans échanger un mot, ils vaquent à leurs occupations d'après-plongée.

Ce n'est que quelques heures plus tard que Marcus réalise que le vieux plongeur a risqué sa vie pour le soustraire à une mort certaine par suffocation et écrasement. Ochon lui a sauvé la vie. Il en est tout remué. Pour la première fois, il se met à pleurer et Ochon ne peut rien faire d'autre que de le prendre dans ses bras.

Plusieurs jours plus tard, une fois le site nettoyé et tout leur matériel rangé, *Le Chagrin des Jaloux*, chargé à bloc, emprunte la route du retour vers l'Espagne. Pendant que le moteur ronronne, Ochon, épuisé, dort. Marcus, en pleine forme, barre et réfléchit. Les quatre mois à bord sont passés à une vitesse sidérante. Il pense à sa vie précédente et la considère aujourd'hui comme un rêve inconsistant. Raconter des aventures pas vécues, quelle petitesse ! Maintenant qu'il aurait des choses vraies à dire, il n'a plus envie d'en parler. Il n'a plus besoin des autres pour savoir ce qu'il est et ce qu'il vaut. On lui a fait confiance, il a su tenir le danger à distance par la prudence, la précision du geste et le raisonnement. On a risqué sa vie pour lui. Il a appris un métier, et ce métier lui plaît. Tout baigne ! Il n'y a plus qu'à revendre la cargaison, Sylvestre sait où aller. Ensuite, le vieil homme s'achètera son yacht et Marcus, lui... Eh bien quoi, que pourrait-il faire ?

Marcus regarde autour de lui l'immensité grise, bleue et verte qui l'entoure. Oui, c'est vraiment beau.

Tiens, tiens... c'est quoi ce cafard, tout petit, tout gris, presque invisible, au loin ? Une tache sur l'immensité marine ? Il regarde le cafard à travers la longue-vue.

C'est un navire militaire, peint en gris-bleu, à peine visible, mais qui grossit rapidement. À la vitesse où il va, dans une heure, il sera bord à bord avec *Le Chagrin des Jaloux*. Et pourquoi ce garde-côte donne la chasse à un inoffensif langoustier ?

Marcus l'ignore, mais le *Luang-Prabong* sert de repère aux gardes-côtes en cas de brouillard ou de tempête. Ceux-ci ont l'habitude de relever sa position à chaque sortie. Cette fois, au sonar, plus aucune trace du *Luang-Prabong*. À la place, une tache énorme de sable et d'algues en suspension. Et comme il n'y a pas eu de tremblement de terre, quelqu'un a peut-être farfouillé dans le bateau. Les gardes-côtes ne sont pas naïfs. On ne fouille pas une épave s'il n'y a rien à gagner. Et, s'il y a quelque chose à gagner, autant que ce soit eux qui en profitent. D'où le repérage radar et la poursuite.

Marcus n'hésite pas. Il stoppe le bateau, observe le sonar, relève la position du langoustier, descend à la cale où il s'active comme un fou pendant trois quarts d'heure.

En sueur, le souffle court et le dos brisé, il finit par remonter à la barre et met la gomme. Le garde-côte est dangereusement proche. Même à toute allure, *Le Chagrin des Jaloux* n'a aucune chance de le distancer. Vingt minutes plus tard, une colonne d'eau se lève à proue. Le navire militaire a lâché un coup de semonce. Marcus stoppe alors le moteur.

Enfin réveillé par la conduite bizarre du bateau, Ochon entre dans la cabine :

– Qu'est-ce que c'est que ce bor...

En un coup d'œil, il comprend.

Blême, Marcus voit le vieil homme se laisser glisser en arrière sur le fauteuil. Les yeux d'Ochon se remplissent de larmes et, pour Marcus, cette vision est insupportable. Sylvestre se prend la tête à deux mains. Si près du but ! Tout perdre encore une fois. Marcus voudrait le prévenir, mais c'est trop tard. Des militaires, à l'air méchant et armés jusqu'aux dents, font irruption à bord en bousculant Ochon et Marcus.

– Que transportez-vous ?

Avant qu'Ochon n'ait pu dire un mot, Marcus, l'air parfaitement innocent, répond, les larmes aux yeux :

— Ah, monsieur, on est ruinés, si vous saviez, tellement de boulot et pour rien ! Vous ne connaissez pas un bon endroit pour pêcher les langoustes ?

C'est étrange, il retrouve son ancien personnage de menteur. C'est toujours aussi facile et pourtant, il n'y prend aucun goût.

L'officier ne dit rien et passe le bateau au peigne fin avec ses hommes. Deux militaires gardent Ochon et Marcus dans la ligne de mire de leurs armes.

L'officier émerge de la cale avec un grand sourire, en regardant Ochon. Celui-ci ferme les yeux. Il est fini !

Comme dans un rêve, il entend l'officier :

— Pas beaucoup de langoustes, n'est-ce pas ? Vous êtes trop loin, il faut vous rapprocher des côtes !

Et les gardes-côtes repartent en s'esclaffant. Ochon n'en revient pas. Il se précipite dans la cale. Celle-ci est vide. Stupéfait, il remonte sur le pont.

— Mais où est passé le mercure ?

Marcus rit et lui agite un bout de papier sous le nez.

— En sécurité au fond de la mer. Voici les coordonnées.

— Mais comment…

— Je les ai vus venir, alors j'ai regardé à combien était le fond. Soixante-dix mètres. J'ai tout lâché. Eh oui, vieux pirate, il va encore falloir se baigner !

Ochon est fou de joie. Il étouffe presque Marcus dans ses bras d'ours marin.

Sentiments

— Tu viens de me sauver la vie. Tu... tu es un fils pour moi !

— Écoute Sylvestre, tu m'as sauvé deux fois la vie, rit Marcus. Il faut bien que moi aussi je serve à quelque chose, non ?

Plus tard, tandis qu'ils regardent en silence le soleil s'engloutir à l'horizon dans des nuages d'orage, Ochon lâche tranquillement :

— Sur mon yacht, j'aurai besoin d'un bon marin, un gars débrouillard. Tu ne connaîtrais pas quelqu'un, par hasard ?

— Ben, tu sais, mon emploi du temps à venir est plutôt cool cool. Et j'ai besoin de vacances. Alors, si tu veux bien faire un crochet par l'Italie, le temps que je salue ma sœur, je veux bien te faire la cuisine. Mais je te préviens, la cuisine des mers du Sud, moi, je ne connais pas bien.

Un éclair déchira le ciel, loin au-dessus des vagues.

— Alors c'est bon ! Je t'engage !

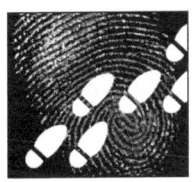

Boomerang

de Marie Bertherat
illustré par Dominique Rousseau

- 1 -

Ils n'étaient plus que douze. Le corps moulé dans leur combinaison bicolore, l'œil rivé sur l'horizon bleuté, ils attendaient leur tour. Derrière eux, agglutinée sur le sable blanc de la plage australienne, la foule frémissait, impatiente.

– Gary Ross ! hurla la voix mécanique du haut-parleur.

Le troisième tour de la compétition de surf de Long Beach allait commencer.

Gary Ross empoigna sa planche, se dirigea vers l'océan et pénétra dans l'eau. Il attendit que le liquide froid s'infiltre lentement sous sa combinaison pour s'allonger à plat ventre sur sa planche. Il commença alors à pagayer énergiquement vers le large à la recherche du *peak*, le creux de la vague, où l'énergie est maximale.

Lorsqu'il le trouva, il agrippa les deux bords de son surf et, d'un bond, se leva, prêt à l'attaque. Pour prendre de la vitesse, il glissa et vira, réalisant un impeccable *bottom turn*[1]. Ayant atteint sa pleine puissance, il amorça, à coups de hanche, l'enchaînement des figures.

Ross joua avec la lèvre de la vague, passa par-dessus, à travers, puis se laissa recouvrir et disparaître dans le tube. Du beau spectacle ! Sur la plage, la foule en délire criait, hurlait, ululait.

Enfin, à vitesse vertigineuse, le souffle de la houle projeta le surfeur en avant dans une longue glissade planée jusqu'à l'éjection finale qui le cracha sur le rivage.

Gary Ross avait montré de quoi il était capable. Il fit quelques pas sur le sable sec et retira les manches de sa combinaison. Les spectateurs, qui n'étaient pas trop loin, purent admirer, tatouée sur son épaule musclée, l'araignée rouge australienne à la piqûre mortelle.

D'un geste négligent, le surfeur passa ses doigts

---

[1]. *Bottom turn* : premier virage effectué au creux de la vague.

dans ses longs cheveux blanchis par le sel, puis tourna lentement la tête vers ses bruyantes admiratrices. Ross aimait les filles en maillots échancrés.

Dans leur tribune sur la plage, les juges souriaient. Ross était leur favori et, une fois de plus, la performance du surfeur à l'araignée rouge les avait emballés. Des onze autres concurrents encore en lice pour la course de Long Beach, un seul était capable de le battre : Beau Akee. Mais celui-là, ils le gardaient pour la fin. Pour l'instant, ils préféraient le laisser cuire sur le sable. Encore un peu.

La course reprit et, les uns après les autres, les surfeurs attaquèrent les rouleaux, tandis que les juges notaient leur prestation.

Vint enfin le tour de Beau Akee.

À l'annonce de son nom, l'homme glissa sous son bras sa planche noire, rouge et or, aux couleurs du drapeau aborigène et, lentement, se dirigea vers la mer. Il marchait très droit, d'un pas souple et continu. Comme à son habitude, il ne portait pas de combinaison. Sa peau noire était nue, à l'exception d'un short brun décoloré.

Sur le sable, la tension monta. Les filles se poussaient du coude, les garçons serraient les dents, tous vaguement hostiles, plutôt gênés. Les Aborigènes étaient rares sur le circuit, pour ne pas dire inexistants.

À genoux sur sa planche, Beau Akee ramait. Au creux de la vague, il se dressa et commença à glisser. Vite, très vite. Aussitôt, la foule comprit qu'elle n'avait jamais rien vu de pareil. Akee ne surfait pas : il *était* la vague, il *était* le vent, il *était* l'océan. L'homme et la planche faisaient corps avec les éléments. Même ceux qui n'avaient jamais touché un surf de leur vie s'en rendaient compte.

Les spectateurs munis de jumelles observaient, fascinés, le visage de Beau Akee. Certains pensaient à de l'argile pétrie d'une main puissante. D'autres cherchaient son regard mais ne le trouvaient pas. Les paupières de l'Aborigène étaient closes !

Oui, aussi étonnant que cela puisse paraître, Beau Akee surfait les yeux fermés. Comment était-ce possible ? Nul ne le savait.

Les juges s'inclinèrent : l'Aborigène était sélectionné. Il participerait aux quarts de finale puis, ils en étaient sûrs, à la finale.

C'était ainsi depuis quatre ans. La compétition de Long Beach était la seule de tout le pays à laquelle Beau Akee participait et, chaque année, il la remportait. À la consternation générale.

Enfin, l'océan relâcha l'Aborigène. Il remonta la plage, sa planche en équilibre sur la tête. Dans son dos : le regard de Gary Ross, telles les deux lames d'un couteau suisse bien affûtées. Mais Beau Akee ne s'en souciait pas.

Les habitués prirent rendez-vous pour les quarts de finale du lendemain et la foule se dispersa.

- 2 -

Il était six heures et le soleil se levait à peine. Sur la plage déserte, Barton MacCoy, en combinaison noire, avalait son café au lait en regardant les rouleaux déferler sur le sable. Au loin, un *off-shore*[2] soulevait les vagues et, vue de la plage, l'écume paraissait prendre feu dans l'aube naissante.

Au creux de son ventre, Barton sentit l'excitation monter. Il rangea le thermos vide dans son sac à dos, en sortit un cube de *wax*[3] et s'appliqua à farter minutieusement le dessus de sa planche.

Depuis déjà dix minutes, Barton affrontait les rouleaux. Il avait raté tous ses *take-off*[4] et il avait beau se répéter que le surf est surtout une question de mental, il commençait à en vouloir à ses jambes et à ses bras.

Soudain, un choc lui ébranla la cuisse droite. Le coup fut si violent qu'il laissa échapper un cri de douleur. Son agresseur était en fait une planche, propulsée par la houle.

Aussitôt Barton scruta les flots à la recherche du surfeur désarçonné. Mais il ne vit personne. Il regagna le rivage et examina la planche : un shortboard à trois dérives, décoré d'un rond jaune barré de

---
2. *Off-shore* : vent de terre.
3. *Wax* : paraffine.
4. *Take-off* : départ.

deux lignes horizontales, rouge et noire. Barton la connaissait : elle appartenait à Beau Akee.

Que faisait-elle dans l'océan, seule et abandonnée, à six heures et demie du matin ?

L'*iron man*[5] en poste examina la trouvaille de Barton avec attention. Lui aussi la reconnaissait et cela l'inquiétait. Un bon surfeur n'égare pas un objet aussi précieux dans l'océan. Sur son visage, une grimace se dessina :

— J'espère que les *white pointers*[6] n'ont rien à voir dans cette histoire.

— Bon sang ! jura Barton.

— Un chalut taiwanais ratisse au large depuis hier...

— Et ?

— Dans ces cas-là, les requins n'ont plus rien à bouffer, alors ils se rapprochent des côtes...

Le maître nageur connaissait bien les squales et surtout les terribles *white pointers*. Depuis qu'il faisait ce boulot, il en avait vu des surfeurs coupés en deux d'un coup de mâchoire. Pour lui, *Les dents de la mer* n'étaient pas qu'un film à sensations.

Il était maintenant neuf heures du matin. Les organisateurs de la course, arrivés sur la plage,

---
5. *Iron man* : maître nageur.
6. *White pointers* : grands requins blancs, mangeurs d'hommes.

avaient appris la nouvelle. Dans le stand, l'émotion était forte. Le directeur de la compétition, James King, la quarantaine sportive et le short bleu assorti à la couleur de ses yeux, faisait son possible pour ramener le calme :

– Allez, allez, pas d'affolement. Montrez-moi les traces de morsures. Eh ben, vous voyez, y en n'a pas, non ?

Il n'était pas question qu'une planche dérivant sur l'océan fiche la course en l'air. Même celle de Beau Akee... surtout pas celle de Beau Akee ! Un juge suggéra :

– Il l'a peut-être oubliée... ou perdue, va savoir ?

Mais tous savaient que, contrairement aux autres concurrents, Akee n'avait qu'une seule planche et qu'il y tenait comme à la prunelle de ses yeux.

Pour la forme, on envoya quelqu'un chercher Beau dans les parages : à la caravane de frites, sur le parking, derrière les rochers... Mais il n'était nulle part. Pire : on retrouva son combi-Volkswagen garé au bout de la plage avec les clés de contact dans la boîte à gants... La découverte jeta un froid.

Une heure plus tard, tous les candidats, sauf Beau, étaient alignés sur la plage. James King n'annula pas l'épreuve. Il prit son haut-parleur et annonça le nom du premier surfeur. Puis, il s'éloigna et téléphona au commissariat de Perth.

- 3 -

L'inspecteur Constantin Pitakis frôlait la quarantaine. Il était grand, plutôt enveloppé, avait une voix basse et bien timbrée, et des yeux bruns un peu humides. Les femmes lui trouvaient du charme, les hommes lui reprochaient sa sensibilité.

Il roulait vers Long Beach en pensant à sa jeunesse. Les années surf : glisse avant l'école, après l'école et même souvent pendant l'école avec le professeur de sport. Pitakis avait été un bon. Sur l'étagère de sa chambre d'adolescent, dans la maison de ses parents, s'alignaient encore quelques coupes. Mais c'était fini maintenant.

En garant sa vieille Holden sur le parking de Long Beach, une bouffée de nostalgie lui serra le cœur. Il claqua vivement sa portière pour en dissiper les effluves et se dirigea à grands pas vers la plage. Il repéra le stand des officiels et se fraya un passage entre les supporters.

James King s'avança à sa rencontre :

– Inspecteur Pitakis, je suppose ?

– Lui-même.

– Merci d'être venu, dit-il en lui serrant vigoureusement la main. Beau Akee ne s'est toujours pas présenté.

– Vous avez une idée de ce qui a pu lui arriver ?

– Non !

– J'imagine qu'il est bon nageur ?

– Évidemment !

– Avez-vous repéré des requins ?

King nia avec empressement.

– Quelqu'un l'a vu ce matin ?

– Pas nous en tout cas, affirma l'homme en short bleu.

– C'est dans ses habitudes de surfer à l'aube ?

– Vous rigolez ? Il surfe même la nuit ! Surtout les nuits sans Lune. C'est un type bizarre, vous savez.

Constantin Pitakis savait. Il avait déjà vu Beau Akee en action, trois ans auparavant, lors de cette même course. Un souvenir imprimé dans sa mémoire. Il avait eu l'impression de voir un oiseau voler. Un type qui surfait de cette façon ne pouvait pas être comme tout le monde.

L'inspecteur poursuivit :

– Vous pensez que quelqu'un aurait pu chercher à le faire disparaître ?

– Entre surfeurs, c'est plutôt l'amour vache ! Vous voyez ce que je veux dire... Mais de là à éliminer un concurrent, il ne faut pas exagérer !

Pitakis se rappelait : il n'y avait jamais assez de vagues pour tout le monde et il fallait toujours lutter, à coups de poing et à coups de gueule, pour conserver son territoire. Oui, il aurait été facile de noyer un indésirable : à deux contre un, on a du mal à sortir la tête de l'eau.

– Vous avez contacté sa famille ?

– Sa femme... Elle dit qu'elle ignore où il est.

– Vous avez son adresse ?

– Elle habite dans la banlieue sud de Perth, à Osborne... 212 Mary Street. Bon, maintenant, je dois vous laisser, la course n'est pas terminée. Tenez-moi au courant…

Popie Akee arrosait ses bégonias. Autour d'elle, l'air chaud sentait bon le gazon tondu. Elle portait des tongs en plastique, un short et un tee-shirt moulant, le tout rouge vif. Son petit visage étroit, à moitié mangé par une paire de grosses lunettes de soleil, était celui d'une toute jeune femme. « Vingt ans, à peine » se dit l'inspecteur en l'apercevant par-dessus la barrière du petit jardin.

— Madame Akee ?
— Popie, ouais ! Qu'est-ce que vous voulez ? lança-t-elle d'une petite voix haut perchée.
— Inspecteur Pitakis. Je viens au sujet de votre mari. Je peux entrer ?

La blonde fit la moue, coupa l'eau du tuyau d'arrosage et fit signe à Pitakis de la rejoindre dans la maison.

— Les gars de la course ont déjà appelé. Je leur ai dit que je ne savais pas où il était. Je ne l'ai pas vu depuis hier matin.

Sa voix semblait nonchalante. La disparition de son mari n'avait pas l'air de l'émouvoir.

— Vous n'avez pas été le voir surfer pour les quarts de finale ?
— *Nan*, je ne vais jamais à Long Beach.
— Il vous a dit quand il rentrerait ?
— Il ne me dit jamais rien.

— Il vous a paru anxieux ou préoccupé ces derniers temps ?

— *Nan...*

— Vous pensez qu'il a pu lui arriver quelque chose ?

— Qu'il s'est noyé ou un truc comme ça ? Possible, fit la blonde en se frottant la joue sur l'épaule.

Popie n'avait pas quitté ses grosses lunettes et Pitakis ne voyait pas ses yeux. Il se demandait si elle jouait la comédie, ou si vraiment le sort de son mari ne l'intéressait pas ou plus.

Il parcourut la pièce des yeux et aperçut une photo punaisée sur le mur : un Aborigène, torse nu, posait solitaire au milieu du désert. Même sans la planche et sans l'océan, l'inspecteur le reconnut aussitôt.

— C'est lui, confirma la blonde. Avant notre mariage, y a deux ans de ça.

— Comment vous êtes-vous rencontrés ?

— À l'époque, j'allais souvent à Long Beach. Je le regardais surfer, il me regardait bronzer. Un jour nos regards se sont croisés, pouffa Popie.

Brusquement, elle eut l'air d'une gamine. Pitakis pensa que c'était peut-être l'un des rares bons souvenirs de son mariage avec Beau Akee.

Cela faisait plus de 40 000 ans que les Aborigènes habitaient le continent et seulement un peu plus de deux cents ans que le capitaine Cook, officier de la marine anglaise, avait reconnu l'île. Pourtant les Anglo-Saxons se considéraient ici chez eux. Pendant des années, ils avaient essayé d'exterminer ces « sauvages » qui peuplaient « leur » pays. Ils en avaient d'ailleurs tués plusieurs milliers...

Popie la blonde avait passé outre les préjugés racistes... mais à quel prix ?

L'inspecteur sentit qu'il n'apprendrait plus rien d'elle, du moins pour l'instant. Il lui donna sa carte – au cas où elle aurait des nouvelles – et prit congé.

Constantin Pitakis mourait de soif. Il gara sa Holden devant un bar et commanda une bière bien fraîche. Dans le fond de la salle, un énorme poste de télévision braillait les nouvelles du jour.

... résultat de la demi-finale de la compétition de surf de Long Beach. Six candidats sont encore en jeu. Gary Ross se place, pour le moment, en tête du classement. Notre correspondant nous signale que l'un des meilleurs surfeurs de la course, l'Aborigène Beau Akee, ne s'est pas présenté aux éliminatoires. La police enquêterait sur sa disparition...

– Un *boong*[7] sur une planche de surf ? On aura tout vu ! commenta un homme assis au comptoir.

– Ouais, ils feraient mieux de rester dans le

---

7. *Boong* : terme péjoratif correspondant à « négro ».

désert à peinturlurer leurs trucs sacrés[8], pas vrai ? renchérit le barman.

Pitakis trouva tout à coup un goût amer à sa Foster's[9]. Il reposa son verre, jeta une poignée de dollars sur le comptoir et s'en alla. Le racisme lui filait de l'urticaire depuis qu'il était gamin. Sous prétexte que ses parents étaient grecs et parlaient mal l'anglais, ses copains l'avaient surnommé « Moussaka ». Trente-cinq ans plus tard, le fils d'immigrés n'avait toujours pas digéré la plaisanterie.

Quand l'inspecteur entra dans son bureau, il remarqua un Post-it collé sur l'écran de son ordinateur. C'était un message de Tom, son collègue de la brigade des stupéfiants :
Passe me voir dans mon bureau.
Tom était un bon copain et Pitakis était content d'avoir un prétexte pour aller bavarder avec lui.
– Salut Constantin, fit Tom en voyant son ami.
– Salut Tom ! Quoi de neuf ?
– On m'a dit que tu t'occupais d'une disparition, un surfeur en pleine compétition à Long Beach, c'est ça ?
Pitakis acquiesça.
– J'ai alpagué un petit revendeur ce matin, conti-

---

8. En référence à la peinture aborigène. La culture aborigène, très riche, prend sa source dans le *Dreamtime* (littéralement, « le temps du rêve »). Les Aborigènes le célèbrent par la peinture, le chant, la poésie et la danse.
9. Foster's : bière australienne.

nua Tom. Pour m'amadouer, il m'a filé une info sur un bookmaker[10]. Pas un book avec pignon sur rue et bureau déclaré, non. À ce qu'il paraît, ce type prend des paris clandestins sur les courses de surf et son business est tout ce qu'il y a de plus illégal.

– Dis toujours !

– Un gars aurait misé gros sur la course de Long Beach.

– Intéressant. T'as le nom du book ?

– Mieux que ça, son adresse, fit Tom en tendant un bout de papier froissé.

La piste valait peut-être le coup, mais avant de s'y colleter, l'inspecteur voulait faire une petite vérification. Il retourna dans son bureau et décrocha son téléphone. Il voulait parler à Rick, le *boyfriend* de sa petite sœur Maria. Le garçon était un petit génie de l'informatique, un de ces pirates sans foi ni loi, capable de se faufiler en douce dans tous les terminaux du coin.

– Rick ? Pitakis à l'appareil. J'ai besoin d'un tuyau.

– Tiens, tiens ! Depuis quand les flics collaborent avec les truands ?

– Depuis que leurs sœurs les trouvent sexy, rigola le flic. Trouve-moi si un type du nom de Beau Akee a souscrit une police d'assurance sur la vie.

---
10. Bookmaker, ou book : personne qui prend des paris sur les courses.

– Donne-moi dix minutes, je te rappelle.

Le petit génie avait réussi : Beau Akee avait effectivement pris une assurance. En cas de décès, le pactole s'élèverait à un million de dollars australiens. Et le bénéficiaire serait bien sûr son épouse, la jolie Popie. Coquette somme pour une femme qui ne s'intéressait pas, ou feignait de ne pas s'intéresser, à la disparition de son époux.

Le bout de papier froissé de Tom conduisit l'inspecteur Constantin Pitakis au troisième étage d'un immeuble miteux du centre-ville.

La porte de la pièce 366 était entrouverte. Constantin la poussa et une terrible odeur de pisse de chat lui sauta au nez. Le responsable ronflait sur l'épaule d'un gros blond, lui-même affalé dans un fauteuil, un gobelet en plastique rempli de café à la main.

Pitakis s'approcha et dégaina son insigne. Le bookmaker ne réagit pas, mais son gobelet pencha imperceptiblement, tandis que le matou entrouvrait la fente de ses yeux jaunes. L'inspecteur attendit que le liquide brunâtre dégouline sur la cuisse épaisse, puis attaqua :

– Alors comme ça, vous aimez le surf ?
– Le surf ? répéta mollement le blond en regardant avec tristesse s'étendre la tache marron.
– Et les paris sur les compétitions ?
– Je ne vois pas de quoi vous parlez.

Le bookmaker jouait l'indifférence, mais pas le matou. Des éclairs venimeux jaillissaient de ses yeux.

– Long Beach, ça vous dit quelque chose ? insista Pitakis.

– Non, vraiment pas.

– Vraiment pas, répéta Constantin, en aidant le reste du gobelet à se vider sur le pantalon du book.

La tache avait maintenant la taille et la couleur d'un *pan-cake* brûlé. Le gros blond gémit :

– Mon costard !

L'inspecteur le rassura :

– Ne vous inquiétez pas, on vous en offrira un neuf en tôle, avec de belles rayures.

La stratégie fut payante. Le book cracha aussitôt le morceau :

– Un type a parié sur Gary Ross, un gros paquet.

– Gary Ross ? Vraiment ?

– Ouais. Il avait du flair, enfin je sais pas si on peut appeler ça du flair... En tout cas, quand il a misé, Akee tenait encore parfaitement sur sa planche.

– Je vois que vous êtes bien informé. Et le nom de ce parieur au long nez ?

Le book haussa les épaules :

– Là, vous m'en demandez trop. Je ne l'ai jamais vu, il a laissé la mise à la consigne de la gare centrale. Il a dit qu'il me contacterait après la course.

— Bon, je vais vous faire confiance, mais dès que vous l'avez, vous me téléphonez. Pigé ?

Le book hocha la tête : il avait compris, il détestait trop les rayures.

Constantin fut soulagé de se retrouver dans la rue. Il était allergique aux poils de chat et ses narines commençaient sérieusement à le chatouiller. Il se moucha, puis sortit son portable de la poche de sa veste et composa le numéro du commissariat. Une collègue l'informa que Beau Akee n'avait toujours pas refait surface.

L'inspecteur avait maintenant hâte de rentrer chez lui. Le jeudi, chez les Pitakis, c'était jour de moussaka.

- 4 -

Le ciel était d'un bleu-violet très pur et le soleil levant faisait miroiter l'océan. Gary Ross se préparait pour la finale. Il avait encore du temps devant lui ; l'épreuve ne commencerait que dans trois heures, mais il voulait encore s'entraîner. Tel un guerrier, il avait tracé des bandes blanches d'écran total sur son visage et talqué son corps bronzé. Tourné vers l'horizon, il enfilait sa combinaison.

Le bruit des vagues couvrit le crissement des pas de Pitakis sur le sable sec. L'inspecteur restait discret : il avançait lentement, en observant sa proie.

C'est ainsi qu'il considérait les suspects dans les affaires de meurtre. Bien sûr, il n'était pas encore certain qu'il s'agissait d'un meurtre. Il n'avait toujours pas de cadavre sur les bras. Mais, si c'était le cas, Ross avait un sacré mobile : la première place de la compétition Constantin se racla la gorge. Ross, enfin, se retourna :

– Ah, c'est vous ! s'exclama-t-il d'un air maussade.

– Oui, j'ai des questions à vous poser.

– Ah bon ? Lesquelles ?

– Vous pourriez peut-être m'aider à comprendre pourquoi un champion disparaît au milieu d'une compétition…

– Parce qu'un squale l'a bouffé !

– Vous le croyez ?

– Peut-être bien.

– Vous connaissiez bien Akee ?

– Non. On ne se parlait pas.

– Pourquoi ?

– On n'avait rien à voir ensemble. C'était un Aborigène, ils ne sont pas comme nous.

Pitakis avait souvent entendu ce genre de phrases. Lui aussi trouvait que les Aborigènes n'avaient pas grand-chose en commun avec les Aussies, les Australiens blancs, à part qu'ils partageaient le même pays. Pourtant, il pensait que le surfeur se trompait : Ross et Akee se ressemblaient beaucoup.

À dix-neuf ans, Constantin avait fait partie d'une bande de surfeurs. Ils vivaient en dehors du monde, avaient leurs mots à eux, leurs fringues à eux, leurs rites à eux... Une seule chose comptait vraiment pour eux : les vagues. Ce genre de vie marginale avait bien des points communs avec celle des Aborigènes. Eux aussi vivaient à part, en tribu, bien souvent dans des campements. Eux aussi avaient leur langage, leurs rites, leur culte... Sauf qu'ils ne vénéraient pas l'océan, mais la terre. La terre sacrée de leurs ancêtres.

Toutes ces ressemblances, Gary Ross ne les percevait pas. Il s'arrêtait à la différence de couleur de peau. Pitakis pensa à Popie. Il se demanda si Ross la connaissait et lui posa la question.

Le surfeur baissa la voix, soudain troublé :

– Vaguement... Elle vient sur la plage, quelque fois.

Pourquoi ce léger tremblement dans la voix de Gary Ross ? L'inspecteur se rappelait d'ailleurs que Popie lui avait affirmé ne plus venir à Long Beach. L'un des deux mentait donc. Mais pourquoi ?

C'était peut-être une piste. Enfin ! La jolie blonde tape dans l'œil du surfeur à l'araignée rouge, les amants blonds se débarrassent du mari noir...

Pitakis reconnut qu'il fallait envisager cette possibilité, sans en être totalement convaincu. Et si Popie avait tapé dans l'œil de Pitakis...

– Vous avez fini avec vos questions ? Je dois m'entraîner, moi !

Ross avait besoin de sentir l'eau froide glisser sur son corps.

Sur l'océan, les vagues commençaient à se lever. Un bon *swell*[11] en perspective pour la finale. Le regard fixé sur les rouleaux, Pitakis guettait la combinaison noire de Ross. Tout à coup, il le vit émerger à l'horizon. Les pieds fermes sur son Malibu[12], le surfeur déplia ses ailes, prêt à l'envol. Tel un traceur de piste, il ouvrit le passage des eaux.

Constantin Pitakis roulait vite sur la route de Long Beach à Perth. La côte déchiquetée était belle. Il alluma la radio et monta fort le son. La station diffusait des airs de rock des années soixante. C'était exactement ce dont il avait envie : quelque chose qui prend les tripes et empêche de trop réfléchir.

Constantin retournait chez Popie. Il avait plusieurs choses à tirer au clair avec elle ; à commencer par ses éventuelles relations avec Gary Ross. Pitakis n'appellerait pas pour la prévenir de son arrivée. Au fil des années, il s'était rendu compte des avantages de l'effet de surprise.

En garant sa voiture à proximité du 212 Mary Street, l'inspecteur Pitakis remarqua une Mercedes jaune métallisée en double file devant la porte du

---
11. *Swell* : houle.
12. Malibu : type de planche de surf.

jardin des Akee. Il l'avait déjà vue quelque part : sur le parking de Long Beach.

L'inspecteur ferma doucement la portière de sa Holden et s'approcha du numéro 212. Il entra dans le jardin, sans sonner à la porte. Il fit le tour de la maison et essaya de voir ce qui se passait à l'intérieur. C'était de l'espionnage et Pitakis savait parfaitement qu'il n'était pas censé faire ce genre de choses. Malgré tout, il s'approcha de la fenêtre du salon. À travers la vitre, il aperçut Popie. Elle avançait, reculait, l'air très agité. En face d'elle, il y avait quelqu'un. Un homme ? Une femme ? Difficile à dire, la silhouette restait dans l'ombre.

Soudain, il entendit des éclats de voix. Popie criait. La silhouette s'approcha d'elle, la prit et la berça doucement dans ses bras : c'était un homme. Pitakis le reconnut aussitôt : James King, le directeur de la compétition.

Qu'est-ce que tout cela signifiait ?

Les deux corps enlacés reculèrent dans l'ombre. Plus aucun son ne parvenait aux oreilles de l'inspecteur. Pitakis se colla contre le mur et attendit.

Au bout de cinq minutes, il entendit la porte d'entrée s'ouvrir et quelqu'un marcher précipitamment dans l'allée. James King rejoignait sa Mercedes jaune. Il mit le moteur en marche et démarra sur les chapeaux de roues.

Constantin attendit que la voiture ait tourné le coin de la rue pour sonner à la porte de la maison.

Comme personne ne répondait, il insista, laissant son doigt appuyé longtemps sur le bouton. La blonde finit par ouvrir. Elle était en robe de chambre et ses longs cheveux blonds étaient encore emmêlés. Pour la première fois, Pitakis vit ses yeux sans lunettes de soleil. Ils étaient bleu-violet, comme le ciel sur la plage de Long Beach.

– Encore vous !

Sa voix était un peu sèche. Pourtant, son expression n'était pas celle d'une femme fâchée. Plutôt lasse, exténuée.

– Je voulais savoir si votre mari vous avait fait signe ?

– Il aurait dû ?

– Il aurait pu.

– Vous croyez qu'il est toujours en vie ?

– L'océan n'a pas rejeté de corps et personne dans la région n'a signalé de cadavre.

Popie resta silencieuse. Était-elle soulagée ? Constantin n'aurait su le dire. Il lui parla de la police d'assurance. Contre toute attente, elle ne prit pas la mouche. Elle se contenta de conclure :

– Alors comme ça, vous me soupçonnez...

– Je n'ai pas dit ça.

– Il voulait que je sois à l'abri. Il savait qu'il ne gagnerait jamais assez avec le surf. De toute façon, il ne surfait pas pour l'argent.

– Pour le plaisir ?

– Non, même pas. Pour la revanche, lâcha Popie.

— Que voulez-vous dire ?
— La revanche de l'Aborigène sur l'Aussie.
— Un Aussie comme Gary Ross, par exemple ? demanda Pitakis.
— Lui ou un autre.
— Lui surtout, non ?
— Peut-être...
— Vous le connaissez bien, Ross ?

Popie se troubla, ses joues prirent une teinte plus vive et son menton trembla légèrement :
— Je l'ai bien connu. Avant.
— Avant Beau ?
— Oui...
— Et James King ?

Elle hésita :
— Vous l'avez vu sortir d'ici, hein ?
— Qu'était-il venu faire ?
— Je crois que cela ne vous regarde pas, répondit Popie d'une voix légèrement tendue.
— Si, je suis flic, riposta Pitakis avec plus de brusquerie qu'il n'aurait voulu. C'est votre amant ?
— Non... mon frère !
— Votre frère ? répéta Pitakis.
— Ça vous étonne, hein ? Personne n'est au courant. Beau ne voulait pas que cela se sache, il ne voulait pas qu'on pense que la compétition était truquée.
— Et elle ne l'est pas ?
— Vous le savez bien, non ?

Soudain, Popie sanglota. Ses épaules montaient et descendaient tandis que les larmes roulaient sur ses joues. Pitakis eut envie de la prendre dans ses bras comme King tout à l'heure, mais il n'osa pas. Au bout d'un moment, les larmes cessèrent. Elle essuya son visage avec le col de sa robe de chambre et remit en place une mèche de cheveux restée collée sur son front humide.

Pitakis ne savait que penser. Il hésitait entre deux options : soit Popie était une formidable menteuse et donc une suspecte de poids, soit elle aimait son mari et devait souffrir le martyre. Dans la seconde hypothèse qui, alors, avait fait disparaître le surfeur ? L'océan ? Les requins ? Ross ? Le parieur ? Pitakis n'en avait pas la moindre idée. Finalement, l'affaire n'était pas aussi simple qu'elle le paraissait.

- 5 -

La finale, retransmise en direct sur la chaîne locale, fut sans surprise et sans grand intérêt à part, pour certains, le plaisir de voir les *surfies chicks*[13] tortiller leurs jolies fesses bronzées autour de Gary Ross. Car, comme prévu, Ross avait gagné. Un magnifique trophée en forme de surf assorti d'une belle prime de mille dollars. Pitakis avait vu Ross à l'écran, paradant entre deux blondes.

---

13. *Surfies chicks* : admiratrices des surfeurs.

À peine la finale terminée, le téléphone de Pitakis sonna. C'était le bookmaker :
– Ce gars est un fumier, fulminait-il.
– Vous parlez de votre parieur ?
– Il m'a arnaqué, cette ordure. Ross ne devait pas gagner. Maintenant je lui dois un paquet de fric.
– Combien, exactement ?
– Cinquante mille dollars ! explosa le book.
– Pas mal, siffla Pitakis. Autrement dit, vous seriez content que je l'arrête.
– Plutôt ! J'ai un marché à vous proposer. Je donne son fric au gars, histoire de garder ma réputation, mais après je vous le livre et vous me rendez mon fric. Ça roule ?
– C'est ça, et après : à vous les costumes à rayures !
– Quoi ? Vous n'êtes pas d'accord ?
Pitakis rigola.
– Ouais, je m'en doutais... Bon, je lui ai donné rancard à six heures dans une station-service à deux miles de Long Beach, sur la route de River Mad.
– J'y serai.

Le bookmaker n'avait qu'un seul costard et il n'avait pas eu le temps de le faire nettoyer. Il avait gardé sa portière ouverte et était debout à côté de sa voiture. Un gros rouquin s'approcha et prit l'enveloppe brune que le book lui tendait. Pas un mot ne fut échangé. Le book remonta dans son auto, claqua la portière et démarra.

Assis dans sa Holden, Pitakis avait tout vu. Il attendit que le rouquin s'assoie dans son van défoncé et mette le moteur en marche. L'inspecteur ne pensait pas que le gros rouquin avait parié pour lui-même : ce n'était qu'un intermédiaire. Enfin, telle était la théorie de Pitakis, après vingt ans de métier et des centaines d'affaires de meurtres résolues à son palmarès.

Le van s'engagea sur la route, talonné par la Holden. Il atteignit rapidement River Mad qu'il dépassa en trombe avant de s'engager sur une petite voie secondaire, mal goudronnée.

La route était peu fréquentée et Pitakis avait dû mettre de la distance entre le van et la Holden pour ne pas se faire repérer.

Brusquement le van vira à droite sur un chemin de terre, soulevant un grand nuage de poussière rouge. Pitakis ne connaissait pas cet itinéraire. Il savait seulement que le sentier se perdait dans le bush.

Le paysage changea peu à peu. Les maisons se firent de plus en plus rares, remplacées par des herbes jaunes et des buissons sans feuilles. Parfois même par quelques eucalyptus. Par la vitre ouverte, Pitakis respirait le parfum enivrant de leurs longues feuilles souples. Il aimait cette odeur, l'odeur du bush. Mais, loin de l'océan, le soleil tapait fort et l'inspecteur commençait à cuire sous la carrosserie.

À la sortie d'un virage, tel un éclair jaune, un

dingo[14] traversa la route au nez de la Holden. L'inspecteur sursauta, mais garda son regard rivé sur le van défoncé qui filait à toute berzingue à travers le bush.

Maintenant le paysage, à perte de vue, n'était plus que terre rouge craquelée par la sécheresse. L'espace infini du cœur de l'Australie. Au bout d'une heure à avaler la poussière et les kilomètres, Pitakis distingua les baraques en tôles ondulées d'un campement. Il ralentit sa course, gardant l'œil sur le van. À l'entrée du lotissement, le rouquin stoppa et coupa son moteur.

Pitakis l'imita, quelques centaines de mètres en arrière. Il sortit ses jumelles de la boîte à gants et observa sa proie. À pas lourds, l'homme s'approcha d'un groupe d'enfants couleur acajou. Il leur demanda quelque chose, sans doute son chemin, car l'un des gamins leva le bras en direction d'une des habitations.

Le rouquin se dirigea vers elle.

Un homme en sortit. C'était un Aborigène, comme tous les habitants du campement. Il était torse nu et portait un jean raide de crasse. Ses cheveux cuivrés étaient dressés vers le ciel. Le rouquin plongea sa main dans la poche arrière de son pantalon et en ressortit l'enveloppe brune. L'Aborigène s'en saisit.

---

14. Dingo : espèce de chien sauvage.

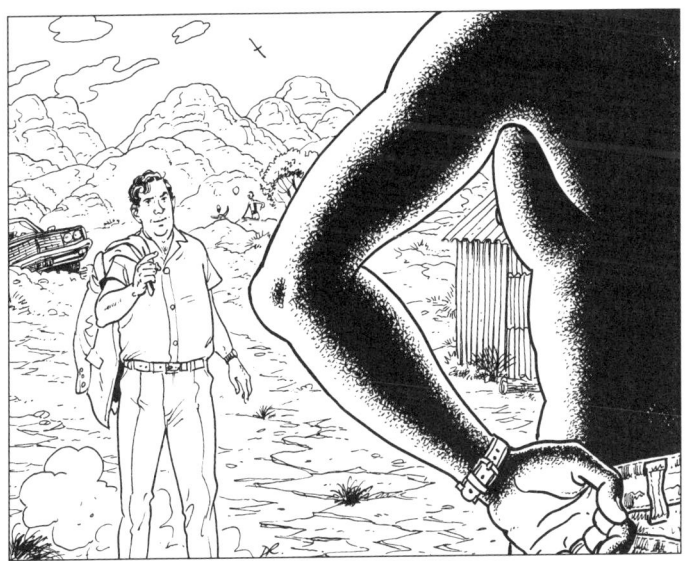

Pitakis reposa ses jumelles et poussa un long soupir. Il remit le moteur de la Holden en marche et rejoignit le campement. Il n'avait plus peur de se montrer.

Beau Akee, immobile, le regardait venir.

Constantin Pitakis lui présenta son insigne.

– Je sais qui vous êtes, dit le surfeur.

– On vous cherche sur la côte.

– Je sais, répliqua-t-il d'un ton neutre.

– Savez-vous que les paris sont interdits, surtout quand ils sont truqués ?

– Je sais, répéta Akee.

Nulle trace d'émotion ou de peur dans le regard de l'homme noir, seulement une tranquille assurance.

– Pourquoi ? demanda Constantin.

– Vous voyez cette terre rouge sous nos pieds ? C'est une terre sacrée. Pourtant, il y a quelque temps, les Blancs l'ont creusée et y ont découvert de l'uranium. Une compagnie minière a acheté le terrain, l'exploitation doit commencer le mois prochain.

– Et vous voulez leur racheter la terre, c'est ça ?

– Au moins une bonne parcelle... Cet argent va me servir à sauver la culture de mon peuple, dit-il en levant l'enveloppe brune vers le ciel.

– Vous voulez dire que vous avez sacrifié votre carrière à votre peuple ?

– Quelle carrière ? Le surf n'était pas une carrière pour moi. Juste un moyen, comme cette vieille Holden qui vous fait traverser le bush.

– Et Popie dans tout ça ?

– Popie... Je lui ai téléphoné tout à l'heure. Elle ne s'inquiète plus.

– Et l'assurance ?

– Je lui ai dit de déchirer le contrat, je ne suis pas un truand.

Dans sa tête, Pitakis faisait le bilan : pas de cadavre, pas de crime, pas d'enlèvement, pas de vol, pas d'arnaque aux assurances, juste un pari clandestin truqué. Il ne lui fallut que quelques secondes pour prendre sa décision : il ne dirait rien. Un nouveau mot allait entrer dans son vocabulaire : le mot échec. Du moins, c'est ce que croiraient ses supérieurs.

La Mère des tempêtes

d'Emmanuel Viau
illustré par André Benn

- 1 -

Le lourd cargo mourut lentement. D'abord immobilisé, puis renversé – la tempête ne lui laissait aucune chance –, il gémissait de toutes ses structures métalliques, hurlait de tous ses moteurs noyés.

Pour finir, il coula tout doucement, sans autre bruit que celui des vagues et du vent.

Un observateur, placé sous l'eau, aurait vu l'énorme masse de métal sombrer tout droit, en lâchant des colonnes de bulles d'air.

Un peu plus tard, en petits morceaux, le bateau entra dans le monde du silence, du froid et de la nuit éternelle. Il pénétra dans des profondeurs que l'homme ne pouvait atteindre, et les dépassa.

La chute de cette pluie de métal fut suivie par des milliers d'antennes, par des centaines d'yeux aveugles, très attentifs à tout ce qui pouvait venir « d'En haut ».

Rapidement, les fragments du navire s'enfoncèrent, hors de portée de vue, de mâchoire ou de toute autre sensation : l'endroit où le bateau s'échouait était inaccessible, même pour la plus aventureuse des créatures abyssales.

Longtemps après le début du naufrage, les restes du bateau finirent par atteindre un lieu où végétaient quelques micro-organismes primitifs.

Rien ni personne ne pouvait survivre au fond de cette fosse. L'idée même d'une vie à cette profondeur ne pouvait que faire sourire... ou frissonner.

C'était le royaume de la roche, de l'eau et du sable, tous noyés à jamais dans les ténèbres glacées.

Un par un, au ralenti, les débris du bateau atterrirent sur le fond, sans bruit, déplaçant à peine quelques grains de poussière. La lourde hélice de propulsion, elle, était pratiquement restée en un seul morceau et se déposa plus lourdement sur le sol, à quelque 10 000 mètres sous la surface.

Et lorsque tout fut fini, il ne se passa plus rien. Exactement comme depuis des centaines et des centaines d'années pendant lesquelles pas un courant, ni même un semblant, n'était venu troubler ce sanctuaire d'ombres liquides.

Il y eut un faible glissement sur le sol moelleux, près de l'hélice, comme si un courant calme et souple était venu du haut pour caresser les belles ondulations sableuses et s'enrouler autour du métal. Sauf que cela venait d'au-dessous : à quarante-cinq mètres sous la surface, exactement.

- 2 -

Tim Solner ferma les yeux et respira un grand coup. Il connaissait cette odeur. Ce n'était plus celle de la marée, cette senteur âcre et iodée qui ne partait pas, comme celle que son père ramenait avec lui au retour d'une partie de pêche.

Ce n'était pas non plus les parfums de la plage, mélange d'embruns chauds, de vent moite, et parfois d'huiles solaires.

Non. Ce qu'il sentait là – et Tim le ressentait aussi dans son cœur et dans ses membres – venait directement du fond de l'océan. La mer avait été violemment remuée et l'eau de surface s'était mêlée aux courants sombres et froids des profondeurs. Le mystère, la force, l'action et la promesse du changement... pour Tim, la brise caressant ses cheveux apportait tout cela.

Il sourit. La tempête serait bientôt là, dans deux ou trois jours, pas plus.

Il rouvrit les yeux.

La plage immense, jaune et vide. Le ciel immense, bleu, à peine moucheté de nuages. La mer immense, verte et bleue... et blanche d'écume.

Tim poussa un grand cri et courut se jeter à l'eau pour rejoindre ses copains.

Tandis qu'il se laissait porter par le courant pour atteindre les rouleaux, aux côtés de Lou et de Natie, Tim n'avait qu'une idée en tête : la tempête, bientôt !

Il éclata d'un rire plein d'allégresse. Lou et Natie le regardèrent et se joignirent à sa joie.

Plus loin, Bridget escaladait une vague.

La mer était chaude, les vagues correctes ; oui, ça allait être une belle journée...

Le petit yacht luttait péniblement contre les courants du large. À son bord, le capitaine jurait :

– Saleté de mer ! Saleté de vent ! Saleté de bateau !

Un homme, vêtu d'un short et d'un ciré, entra précipitamment dans la cabine.

– Capitaine ! Ils se rapprochent. Ils ont encore gagné sur nous !

– Évidemment qu'ils se rapprochent ! Ils ont de gros moteurs, eux. Maudit soit ce Conrad ! Préférer les voiles aux moteurs. Je n'aurais jamais dû lui faire confiance.

Il s'adressa au marin à côté de lui :

– On ne rattrapera pas le pétrolier. Les flics nous auront avant. Balancez toutes les caisses à la flotte.

Le marin sortit rapidement.

Mentalement, le capitaine se prépara à l'intervention des gardes-côtes. Il était fou de rage. Un million de dollars balancé à la mer ! Mais c'était ça ou la prison à vie. Se faire arrêter par la police avec une énorme cargaison de drogue ne pardonnait pas. Alors que là, lui et son équipage pouvaient toujours jouer les innocents.

La radio de bord crachota :

– Kluggen, Kluggen, répondez.

Le capitaine décrocha le micro :

– Ici Kluggen. À vous.

– Salut Kluggen, c'est Conrad sur le pétrolier *Wensport*. On vous a sur le radar, à cinquante milles nord/nord-est. On a aussi deux échos derrière vous, à quinze milles. C'est quoi ?

La colère du capitaine explosa :

– Les flics, évidemment ! Avec votre idée de nous faire prendre un voilier pour passer inaperçus, on n'avance pas. Ils seront sur nous dans moins d'une demi-heure. On a jeté la cargaison à l'eau.

Il y eut un long silence. Puis…

– O.K. Ne résistez pas. Pendant qu'ils vous ramèneront à terre, on essayera de sauver les caisses, et on vous suivra à bonne distance. J'appelle tout de suite nos avocats à Los Angeles. Terminé.

Vingt minutes plus tard, pendant que les deux puissants garde-côtes s'amarraient à son voilier, Kluggen sourit malgré sa peur et sa colère.

— Avec la tempête qui se prépare, on n'est pas prêts d'être rentrés.

Et là, en plein milieu du Pacifique, il regretta soudain de ne pas être à bord de l'énorme pétrolier *Wensport*.

- 3 -

Il y avait maintenant un formidable nuage de sable, qui grossissait rapidement, sans cesse alimenté par le bouillonnement qui agitait le sol.

Bientôt, l'hélice de deux tonnes et demie ne fut plus qu'un petit rocher perdu au milieu d'une avalanche de sable.

Simultanément, en une dizaine puis une trentaine de points différents, le fond explosa en geysers silencieux. Tout le sol autour de l'hélice, dans un rayon d'une centaine de mètres, s'effondra.

Une masse inimaginable, aux contours indéfinissables, apparut à la place. Au milieu de cette tornade, un observateur aurait pu distinguer des... câbles, gros comme des troncs de hêtre, s'agiter frénétiquement et s'étaler rapidement dans tous les sens, sur une longueur qui défiait l'imagination.

Au centre de ce bouillonnement hideux, ce même observateur aurait aperçu une forme plus dense, à la fois dure et molle, solide et malléable.

Un amas de chairs noires et rougeâtres, un peu comme une éponge, voilà ce qui venait d'apparaître à la surface du sol, à 10 000 mètres sous le niveau de la mer. Une éponge, de la taille d'une île, munie de tentacules longs et larges comme un phare, d'yeux vides d'expression, plus froids que l'eau, avec juste un orifice immonde en guise de bouche.

Après un instant d'arrêt, la créature se désintéressa du fond de la fosse. Ses tentacules s'élevèrent légèrement au-dessus du sol.

Le fantastique cauchemar préhistorique quitta le chaos du sable.

Un faible souvenir, plus proche de l'instinct ou du réflexe que de l'intelligence, faisait frissonner sa chair ignoble : quelque part, là-haut, il existait autre chose que les ténèbres. Un grand point coloré au-dessus de l'eau et des tas de petites choses qui s'agitaient follement à son approche.

Depuis bien longtemps, la Mère Pieuvre régnait en maître sur l'océan, et il était temps aujourd'hui de s'en assurer.

- 4 -

Dieu que c'était bon !

Tim se considérait comme un aspirateur... Un aspirateur de la force marine.

En effet, perché sur la crête de la vague, le garçon puisait sa puissance dans celle de la mer.

Une vague sans caractère, sans autre objectif que celui de s'écraser sur le rivage, voilà qui est dangereux. Molle et fuyante, on ne peut la dominer, l'amener là où on veut qu'elle aille. Lorsqu'on nage sur ce genre de vague, on hésite, on vacille et, immanquablement, on la rate, on se plante dedans. C'est un peu comme pour le surf.

Tim rêvait d'un rouleau nerveux, fort, puissant, droit et incontournable. Pas de demi-mesure. Tout ou rien ! La grosse chute ou la fabuleuse chevauchée. Tout était dans la manière d'aborder la formidable montée de l'eau, puis dans le choix de l'instant où on assurait sa prise. Il fallait rester dessus, ne pas basculer au-delà de la crête, ni rester derrière la vague. Juste être porté jusqu'au rivage.

Chevaucher les vagues sans autre instrument que son corps, Tim en avait fait un sport. Oh ! bien sûr, il aimait et pratiquait plutôt bien la planche et le dériveur. Mais, pour lui, rien n'était aussi étourdissant que de nager dans une eau puissante. Cette force, il la sentait là, baignant tout son corps, s'installant dans le creux de son ventre, gagnant chaque muscle jusqu'au cœur, pour finir par exploser dans sa tête. N'être qu'une goutte d'eau, un grain de sable, un flocon d'écume...

À ce moment-là, Tim et la mer ne formaient plus qu'un, et le garçon oubliait tout, préoccupé uniquement par la vitesse, adaptant son équilibre à celui de la vague qui s'enroulait et s'enroulait encore jusqu'à...

Tim ne reprenait contact avec la réalité qu'une

fois au milieu des gros bouillons. Il fallait alors lutter contre les courants contraires et aborder la montée du rouleau, à nouveau.

Tim et ses amis, Natie, Lou et Bridget, auraient pu faire cela toute leur vie, nuit et jour. Grimper le dos d'une lame, puis dévaler sur son ventre et recommencer, inlassablement. Entre eux, ils appelaient cela « faire la mer ». Et chacun « faisait la mer » à sa façon : si Tim aimait la nage et la plongée, Lou était un pro de la planche à voile, Natie ne se consacrait qu'au dériveur et Bridget préférait le surf.

À eux quatre, ils formaient une drôle de bande d'amis. Fans de l'océan, ils avaient tout essayé, du char à voile à la plongée de nuit, en passant par la planche de saut et le catamaran. Sur les plages de L.A., on les surnommait les « têtes brûlées ».

Tim rigola en voyant Lou s'élever dans les airs : le garçon s'était mis en tête de maîtriser la planche tractée par cerf-volant, un mélange de surf et de parapente. Pour l'instant, ce n'était guère concluant.

Tim avait bien l'intention de profiter de ces quatre jours de vacances entre amis. Les parents avaient été longs à convaincre (après tout, ils avaient tous 16 ans à peine), mais quelques bons résultats scolaires avaient fini par faire pencher la balance de leur côté.

Les quatre copains avaient donc décidé de quitter pendant quelques jours le monde civilisé de

L.A. et d'aller sur la côte, dans un coin perdu près d'un petit port de pêche. Ils avaient loué, avec leur argent de poche, un petit bungalow sans électricité ni eau chaude. Pas de radio, de télévision, de consoles, de musique... Seulement les planches, les maillots de bains, les serviettes et la mer.

N'était-ce pas là l'essentiel ?

Tim fit quelques brasses et se laissa aller dans le courant.

Dieu que c'était bon, vraiment.

Et dire qu'une tempête arrivait !

L'océan et ses rouleaux allaient forcir.

Difficile de souhaiter mieux.

- 5 -

— NON !

Pour la vingtième fois, Kluggen nia être un trafiquant de drogue.

— Je vous dis que nous testions juste le voilier. Vous pouvez vérifier, nous l'avons acheté la semaine dernière. Je vous préviens, vous allez avoir des ennuis avec mes avocats.

Le lieutenant Jones soupira intérieurement. Kluggen était un dur. Jones n'arriverait pas à le faire craquer. Pourtant, il était sûr de l'information : quelque part au large de la frontière avec le Mexique, dans le secteur dit « des Tempêtes », un bateau livrait régulièrement de grosses cargaisons de drogue. Qui les recevait ? Mystère. Plus il y réfléchissait, plus Jones pensait qu'il était intervenu trop tôt. Il aurait dû attendre que la livraison s'opère pour prendre les trafiquants.

Mais voilà, c'était trop tard ; il avait arrêté Kluggen et ses huit hommes d'équipage. Et les policiers n'avaient trouvé aucune trace de drogue sur le voilier.

— Lieutenant, il faut rentrer maintenant. On a une grosse furieuse qui nous arrive dessus.

Une grosse furieuse : une vraie tempête, de celles qu'on ne voit qu'une fois par an.

Il soupira, mais plus fort cette fois. Bon, de toute façon, il n'y avait rien d'autre à faire que rentrer. Arrivé à terre, il aviserait pour Kluggen.

Au moment où deux policiers montraient à Kluggen le chemin de sa cellule, Jones lâcha en souriant :

— Vous me remercierez sans doute, Kluggen. On vient peut-être de vous sauver la vie. Votre bateau n'aurait pas tenu le coup sous la tempête.

Kluggen allait répondre, mais il pensa au million de dollars de drogue qui flottait sur la mer et haussa les épaules.

Jones monta dans la cabine de commandement et prit une paire de jumelles. Il fit un rapide tour d'horizon et vit un gros point au loin, presque avalé par le voile noir de la tempête.

— C'est quoi là-bas ? Ça a l'air énorme.

— Un pétrolier, le *Wensport*, répondit le second. Rien de particulier à signaler, c'est son trajet habituel.

Jones nota dans un coin de sa tête qu'il faudrait lancer une enquête sur le *Wensport*. Puis il se concentra sur l'observation de l'ouragan qui, là-bas, naissait entre ciel et mer.

Alors qu'il choisissait de s'éclipser devant l'énorme masse qui remontait des profondeurs, un poisson-lune disparut, brusquement happé par des remous fabuleux.

La Mère Pieuvre souffrait, mais elle poursuivait sa montée vers la surface.

Compte tenu de sa taille et de son poids, la créature réalisait un fantastique exploit : le moindre effort pour s'élever aurait dû la briser, chaque dizaine de mètres arrachée à la pression aurait dû la pulvériser. Mais sa force et sa volonté étaient telles que la Mère Pieuvre gagnait rapidement du terrain.

Elle souffrait et elle gémissait. Un son lugubre se répandait dans son sillage, tout autour de ses tentacules, des sortes de gargouillements et de sifflements qui avaient parcouru des kilomètres et des kilomètres d'entrailles pour venir souiller l'eau.

Le message était clair, et la Mère Pieuvre ne rencontra aucun être vivant sur son chemin : poissons et mammifères marins savaient maintenant qu'une Terreur s'était réveillée.

Elle souffrait horriblement, pourtant elle grimpait de plus en plus vite, tentacules palpitants.

La bête baignait maintenant dans le bleu. La surface était proche. Un de ses tentacules heurta un objet dur qui flottait entre deux eaux. Sans réfléchir, elle l'engloutit avidement. Elle en percuta encore un et l'avala, et encore un autre… La pieuvre engloutit tout. Huit caisses en bois vinrent ainsi s'échouer, intactes, dans son estomac.

L'eau était plus chaude à cette hauteur, mais la Mère Pieuvre s'en moquait. Lancée comme un train, elle explosa la surface de la mer dans un véritable enfer d'éclaboussures.

Ici, le ciel rejoignait les flots. Les éclairs frappaient directement la crête des vagues et un rideau de pluie hachait l'océan, au point que la bête crut qu'elle était encore dans sa fosse. Elle étira désespérément ses tentacules pour atteindre les nuages, mais rien n'y fit. Elle ne s'éleva pas dans le ciel, et resta à la surface de la mer.

Elle prit alors conscience de l'énorme masse de métal, bruyante et sale, qui flottait non loin d'elle. Son gargouillement-sifflement retentit à l'air libre et, pendant un instant, il recouvrit le bruit du tonnerre.

La Mère Pieuvre plongea quatre tentacules à la rencontre du pétrolier qui fonçait sur elle.

Dans son estomac, le bois des huit caisses contenant pour un million de dollars de drogue commençait à être attaqué par les sucs digestifs.

- 6 -

Tim, Lou, Bridget et Natie n'en pouvaient plus. Durant deux jours, de sept heures du matin à la tombée de la nuit, ils avaient plongé, surfé, nagé tout leur saoul. Lou avait le flanc gauche meurtri par des éraflures et un énorme bleu : il n'avait pas eu le temps d'éviter sa planche qui l'avait heurté. Bridget avait manqué de se noyer, prise dans un rouleau qui n'en finissait pas. Tim et Natie, eux, étaient juste courbatus comme jamais cela ne leur était arrivé. Tim avait aussi un beau coup de soleil qui lui brûlait le dos.

Malgré cela, ils étaient heureux.

Et tandis qu'ils mangeaient des sandwiches sur la plage, les quatre amis regardaient le coucher du soleil peu à peu dévoré par une masse impressionnante de nuages sombres.

Natie brisa le silence :

– La tempête sera là cette nuit.

À ce moment, le vent forcit et Tim frissonna. Il n'était plus vraiment sûr d'apprécier la tempête qui arrivait. Il n'avait jamais vu la mer dans cet état. Sur leur gauche, à deux kilomètres de leur bungalow, des falaises grises et ébréchées s'élevaient. Les pieds de ce mur de granit reposaient sur des rochers coupants à fleur d'eau. Ces brisants s'avançaient loin dans la mer, et les vagues venaient s'y déchiqueter avec un bruit effrayant.

– Je n'aimerais pas me trouver là-bas, dit Bridget à Natie.

— Tu veux rire ? Ça doit être super ! Il faut juste se trouver un bon rocher bien à l'abri, s'exclama Natie. J'adore voir la mer sur les rochers. J'irais bien faire un tour avant de me coucher.

Personne ne répondit.

Leur excitation semblait être tombée. Une bonne tempête, c'est génial pendant la journée ou lorsqu'on reste au chaud dans une maison solide. La nuit, isolé dans un petit bungalow sans moyen de communication, une bonne tempête, c'est effrayant.

Une vive lueur alluma le ciel au loin et Tim en eut la chair de poule.

— Bon, on descend la voiture pour cette nuit ?

Tim regarda Lou avec de grands yeux : ce gars-là n'avait donc jamais peur ?

Comme personne ne bronchait, Lou se mit à railler.

— Allez, les poules mouillées ! Vous avez peur ?

Natie, émergeant de ses pensées, renchérit :

— C'est vrai quoi, on avait dit qu'on s'éclairerait avec les phares. Si on ne met pas la voiture sur la plage, moi, cette nuit, je ne me baigne pas. On n'y verra rien.

Bridget restait silencieuse. Tim hésitait. Après tout, c'était son idée.

— Bon, on se calme, dit-il. Il faudra voir comment ça se présente le moment venu. Ça a l'air d'une grosse tempête. Vraiment grosse, je veux dire.

— Ouaip, plus elle sera grosse, mieux ce sera ! conclut Lou.

Ils décidèrent de se coucher.

Tim n'était pas tranquille et il eut beaucoup de mal à s'endormir.

S'ils avaient eu une radio, ils auraient pu entendre les bulletins d'alerte météo diffusés sur toute la côte. Ce qui arrivait sur le rivage n'avait rien à voir avec une tempête classique. La tempête du siècle. Pas moins !

- 7 -

Conrad fulminait. La nuit, et surtout la tempête, étaient sur eux. Malgré sa masse, le pétrolier tanguait. En plus, il n'arrivait pas à localiser les caisses larguées par Kluggen. L'équipe sur le Zodiac avait dû arrêter les recherches.

Conrad ne voulait rien entendre : ni les bulletins météo ni les mises en garde des marins. Il voulait ses caisses et il passerait la nuit sur le pont s'il le fallait. Quoi qu'en dise le commandant du pétrolier, ils resteraient là, au cœur de la tempête. Le *Wensport* était un super tanker, pas une barque. Un ouragan ne parviendrait pas à le couler.

Tandis que le ton montait dans la cabine de commandement, un bruit étrange, un peu comme une plainte, couvrit l'orage pendant quelques secondes.

– Qu'est-ce que c'est que ça ? cria le commandant du *Wensport* à son second.

– J'appelle la salle des...

Au même moment, un marin entra précipitamment :

— Co… Commandant, venez voir !

Conrad et le commandant sortirent à la suite de l'homme sur la passerelle. Ils durent s'accrocher aux rambardes de métal pour ne pas s'envoler.

— Bon Dieu !

Conrad resta paralysé.

Le commandant retourna immédiatement dans la cabine :

— Machine arrière toute ! hurla-t-il.

La plupart des hommes s'étaient massés sur les ponts inférieurs. Certains étaient armés et tiraient sur les immenses bras qui fouettaient l'océan.

— Machine arrière toute. Vite ! Vite !

Le commandant sanglotait dans son micro.

De toute façon, il était trop tard.

— Forcez les moteurs.

— Je veux bien lieutenant, mais le voilier nous ralentit.

— Je m'en fous. Je ne veux pas me retrouver dans l'ouragan. Vous avez entendu la météo comme moi, non ?

— Bien lieutenant. À vos ordres.

Jones se sentait oppressé. Il était à deux doigts de faire trancher le câble de remorque qui les reliait au voilier. L'autre garde-côte était déjà loin d'eux. La mer allait forcissant et il avait l'impression que leur bateau reculait.

- 8 -

La Mère Pieuvre ne sentait pas les impacts de balles dans sa chair. Ses organes vitaux et ses yeux étaient immergés. Pour l'instant, les petites créatures qui s'agitaient sur leur grosse masse métallique n'avaient rien vu.

Elle les occupait avec une dizaine de tentacules dressés hors de l'eau qu'elle balançait de façon menaçante. Pendant ce temps, elle passait la majeure partie de son corps sous la coque du bateau. Elle y resta un bon moment, attentive aux bruits de la machine flottante. Elle se souvenait qu'elle avait employé cette tactique fort longtemps auparavant, contre de petits bateaux en bois avec de grandes voiles. La Mère Pieuvre n'avait jamais vu ce type d'embarcation énorme, toute en fer et sans voile. Mais cela ne changeait pas grand-chose ; quel que soit le bateau, il y avait toujours ces créatures qui ne vivaient pas dans l'eau et qui poussaient des cris de terreur en la voyant.

La Mère Pieuvre sentait leur peur. Était-ce une anomalie, un sixième sens ? Toujours est-il que le monstre se nourrissait de la frayeur qu'il inspirait. Et, dès lors, toute son attention se portait sur la source de la peur.

La Mère Pieuvre ressentit un immense plaisir à faire surgir son corps de l'autre côté du bateau. La surface bulbeuse de sa tête vint se mettre à la hauteur du pont du pétrolier, tandis que par-dessous ses tentacules tâtaient la coque, à la recherche des meilleurs points d'accroche...

À cet instant, elle perçut de petites décharges brûlantes au plus profond de son corps. Un jour, il y a longtemps de cela, la Mère Pieuvre avait avalé d'un seul coup un énorme poisson, à la peau couverte d'épines. Elle se souvint de la souffrance de sa digestion, de l'impossibilité de recracher l'ennemi qu'elle venait d'engloutir.

Là, c'était différent. C'était une douleur bien moins forte, qui finit d'ailleurs par disparaître. Elle n'y prêta plus attention.

Tournant sa gueule vers le ciel, elle fit résonner la coque de son cri lugubre...

Maintenant, on ne voyait plus rien. La nuit, la mer et la tempête s'étaient mélangées pour former un mur opaque, sombre, que même les puissants projecteurs du *Wensport* ne pouvaient percer. Par instants, lorsque le navire était au creux d'une vague, l'eau se dressait tel un mur, bien au-dessus du pont.

– Qu'est-ce que c'était que ce truc ?

Conrad n'en revenait pas. Le commandant du pétrolier, lui, était en état de choc. Ses cauchemars d'enfance avaient refait surface en même temps que les tentacules. Il se tenait à l'avant de la cabine, silencieux, scrutant l'avant du bateau. Au bout d'un moment, livide, il se retourna vers Conrad :

– Ce truc, c'est notre mort.

Il montra du doigt l'immonde masse qui venait

de surgir à bâbord, à l'avant du bateau. Au milieu des vagues énormes qui s'abattaient sur le ponton principal, cette apparition semblait grotesque, irréelle... Une tête sans corps ou un corps sans tête, une chose sans forme dont le sommet atteignait les rambardes du bastingage.

Un formidable éclair illumina la scène, montrant la chose qui flottait comme un bouchon contre la coque du *Wensport*.

Si la bête n'avait pas poussé son hurlement, Conrad aurait ri.

Mais, en plus du cri lugubre, le bateau se mit à pencher.

Tandis que la bête ouvrait son bec pour crier, une odeur ignoble parvint aux narines des deux hommes dans la cabine.

Conrad secoua le commandant toujours prostré.

– Vous avez autre chose que des fusils ?

Le commandant parut sortir d'un rêve :

– Hein ? Oui, au troisième niveau, près du mess. Un ou deux bazookas, des pistolets mitrailleurs. Mais contre ça, ils seront aussi efficaces qu'une petite cuillère.

Et il se mit à rire.

Dégoûté, Conrad dévala les escaliers intérieurs du pétrolier.

Resté seul, le commandant s'abîma dans la contemplation du monstre. L'œil de la créature, plus gros que l'ancre du pétrolier, était inexpressif, vide. Il reflétait juste les éclairs.

Et la terreur du commandant...

- 9 -

Ce fut le bruit de la voiture qui réveilla Tim. Pourtant, le bungalow craquait de toutes ses planches sous les assauts conjugués du vent et de la pluie, mais le 4 x 4 émettait un son très caractéristique…

« Deux heures du matin ! Espèces de fous ! »

Tim était seul dans le bungalow.

Il mit un pull et un K-Way. Dehors, c'était l'enfer.

Le vent, en furie, lançait la pluie avec une violence inouïe. Tim trouva plus pratique de rester en maillot de bains.

Il appela ses camarades, mais ses mots furent emportés dès qu'ils sortirent de sa bouche.

– C'est pas vrai, ils sont malades ! Ils ne vont pas faire la mer avec ce temps-là !

Il voyait la voiture, avec ses phares et son projecteur allumés, un peu plus loin sur la plage. Penché contre le vent, une main devant les yeux, il courut vers elle.

Lou et Bridget s'élançaient vers les vagues, leur planche sous le bras. Pas de trace de Natie.

Sous la lueur électrique des phares, la mer était éblouissante de blancheur. D'énormes flocons d'écume se détachaient des bouillonnements, comme s'il neigeait sur la plage. Plus loin, à la limite du champ d'éclairage, on voyait les gros rouleaux s'abattre, désordonnés, rapprochés.

Une décharge électrique vint frapper l'océan dans le lointain.

À la lumière de l'éclair, Tim vit Bridget se laisser happer par le reflux des vagues. Il rattrapa Lou qui peinait à attacher sa planche à la cheville. Il dut crier pour se faire entendre.

– Vous êtes tarés ou quoi ? Vous allez vous faire tuer ! On n'y voit rien ! Et le courant ?

Lou releva la tête tranquillement avec un petit sourire :

– Dis donc, ce n'est pas toi qui voulais chevaucher la tempête ? Arrête Tim, l'eau est super bonne et le courant nous ramène sur la plage. Les vagues sont un peu bordéliques, mais ça suffit pour s'amuser. Je te jure, on ne risque rien. Prends ta planche. Allez, viens.

Tim hésita :

— Et Natie, elle est où ?

À ce moment, Bridget se mit à crier :

— Whaou ! C'est géniaaal ! Venez ! C'est fabuleux !

Tim haussa les épaules. En fait, il mourait d'envie de se jeter à l'eau. Il reposa sa question.

— Elle est partie à pied vers les rochers. Près des falaises. T'inquiète pas, elle a pris une torche, répondit Lou, déjà dans les vagues.

Mais Tim n'écoutait plus. Il était parti chercher sa planche.

Cinq minutes plus tard, le garçon dévalait les pentes écumeuses venues du grand large, en pleine nuit, tandis que la tempête rassemblait ses forces.

- 10 -

C'était la fin...

Ils avaient été obligés de se séparer du voilier une demi-heure auparavant. Malgré cela, l'ouragan les avait rattrapés et la puissance de ses moteurs n'empêchait pas le garde-côte d'être ballotté dans tous les sens. Ce dernier affrontait des lames de quinze mètres de haut et manquait à chaque instant de se renverser.

Le lieutenant Jones vomit pour la dixième fois. La moitié de ses hommes ne valaient pas mieux que lui.

Kluggen et ses sbires hurlaient pour qu'on les sorte de leurs cabines.

Mais tout cela n'était rien.

Un moteur venait de rendre l'âme. Avec un moteur en moins, ils ne pouvaient plus rien faire d'autre que de stabiliser le bateau dans le sens de la houle pour éviter de chavirer. Ils iraient là où les hauts courants marins le souhaitaient. Jones priait juste que ce ne soit pas sur la côte et ses rochers. L'officier des transmissions harcelait les ondes radio de S.O.S. ; mais Jones le savait, aucun bateau ne sortirait cette nuit.

Un paquet d'eau de mer vint s'écraser sur la petite cabine, défonçant la porte et inondant toute la passerelle.

La douleur était revenue, plus forte, plus aiguë. Une sensation de vertige gagna tous les membres de la pieuvre. Quelque part dans son corps, la paroi de son fabuleux estomac frémit. Après avoir attaqué le bois des caisses et le plastique des sacs, les sucs digestifs commençaient à digérer le million de dollars de drogue...

La Mère Pieuvre s'éloigna du pétrolier d'un mouvement de tentacules. Elle plongea, avalant des tonnes d'eau pour tenter de noyer les aigreurs qui brûlaient son estomac.

La vague consécutive à son plongeon passa par-dessus celles de la tempête et s'abattit sur le pétrolier.

L'avant du *Wensport* disparut sous l'eau. Derrière, ses puissantes hélices s'élevèrent peu à peu au-dessus de l'eau. La coque métallique poussa un gémissement sinistre, accompagnée par les cris des hommes d'équipage.

Tim n'arrivait plus à respirer. Il tentait de remonter à la surface, mais par en dessous, au niveau du sable, la mer lui crochetait les jambes, l'empêchant de reprendre pied.

Un remous le hissa brièvement avant de le renvoyer par le fond.

Sable, eau. Nez, bouche, gorge. La panique le gagna.

En moins d'une seconde, il cessa de résister. Cela ne servait à rien. C'était l'une des règles de survie dans les rouleaux : laisser le courant vous emmener et se concentrer sur sa respiration. Ne pas s'exciter, ni braquer ses muscles contre une force impitoyable.

C'était la bonne décision. Tim se sentit tiré en arrière, hors des tourbillons traîtres. Puis, il émergea dans une zone plus calme.

Il toussa, chercha à retrouver son souffle, avant de vomir un mélange d'eau, de bile et de sable.

Lorsqu'il se fut calmé, il réalisa qu'il n'avait plus pied et que la voiture était loin, là-bas sur sa droite. Il aperçut les silhouettes de Bridget et de Lou, les devina en train de l'appeler.

Tim s'éloignait rapidement de la plage. Le courant l'emmenait droit sur les rochers.

- 11 -

Conrad se retrouva propulsé contre la table du mess. Le bazooka lui échappa des mains et roula sous un meuble.

Le bateau continuait de s'enfoncer par l'avant. Agrippé d'une main aux pieds de la table, Conrad se protégeait le visage de l'autre, pendant qu'une pluie d'objets divers s'envolait à travers la pièce.

Il y eut un moment d'arrêt tandis que les structures du pétrolier hurlaient à mort.

Brutalement, le *Wensport* retourna à sa position horizontale, provoquant une fantastique gerbe d'écume lorsque ses hélices recommencèrent à brasser l'eau.

Conrad se cogna brutalement la tête.

En rampant, il saisit le bazooka et, s'accrochant aux murs, se redressa. Bringuebalé par les formidables tangages et roulis du bateau, l'homme se mit à la recherche d'une porte de sortie sur le ponton principal. Après dix minutes de chocs divers, il poussa une lourde porte métallique. Les yeux fous, le visage ensanglanté, il lutta un moment contre l'eau et le vent qui repoussaient la porte.

Lorsqu'il se retrouva enfin sur le pont, un spectacle démentiel l'attendait.

— Regardez ! Là !

Un marin se mit à hurler de terreur. Jones le gifla, pour le calmer, pour se calmer. Parce qu'il ne contrôlait plus rien. Lorsqu'il vit, il sut que c'était terminé. Il ferma les yeux et se mit à prier.

À une centaine de mètres du garde-côte en perdition, éclairé par les projecteurs qui fouillaient la nuit, une sorte de pilier sortait de la mer, pour aller se perdre loin en hauteur, dans les nuages et l'obscurité. Il ondulait comme au ralenti avec un rugissement assourdissant.

Doucement, le garde-côte s'arracha à l'étreinte des vagues, s'approchant inexorablement du tourbillon d'air, comme aimanté par la zone d'aspiration de la tornade.

– Mon surf !

Tim nagea tant bien que mal vers la planche. Essoufflé, il grimpa dessus et se coucha, les bras enserrant avec force sa petite chance de survie. Les yeux fermés, l'esprit vide, transi de froid, il se laissa entraîner. Sa technique était loin d'être mauvaise mais, dans son état, sans visibilité, il n'y avait vraiment rien à faire.

Il dépassa à toute vitesse les premiers rochers à fleur d'eau et eut juste le temps de maudire leur inconscience, la sienne et celle de ses camarades – on ne joue pas avec la mer, on la respecte –, avant de sentir des raclements sous le surf.

Un choc violent.

– Je te respecte ! Pardon ! Pardon !

Tim se mit à hurler des propos incohérents.

Une secousse plus violente et il se retrouva projeté dans l'eau. Il sentit comme une déchirure le long de son bras gauche... Ses jambes s'engourdirent... Il but la tasse... Son front heurta un rocher.

Tim perdit conscience.

- 12 -

La bête n'était plus que souffrance. La moitié de ses tentacules échappait à son contrôle. Son bec s'ouvrait chaotiquement. Elle n'arrivait plus à voir correctement.

Au milieu de l'océan noyé dans la tempête, elle ne percevait plus qu'une seule petite lueur. Celle du gros bateau.

Une vingtaine de tentacules dressés vers le ciel de toute leur longueur, le bec ouvert, elle se jeta de tout son poids sur le pétrolier. Les treize autres tentacules se glissèrent par-dessus et par-dessous la coque.

Pour la Mère Pieuvre, c'était le seul moyen de s'accrocher à quelque chose. Pour éviter de couler, pour éviter de devenir folle.

La drogue faisait maintenant effet.

Les cheveux du lieutenant Jones se dressèrent littéralement au-dessus de sa tête. Puis, ce furent ses vêtements et ensuite ses bras.

Pour finir, Jones s'éleva dans le ciel, happé par le tourbillon de la tornade.

Peu de temps après, au milieu d'une explosion d'eau, ce fut le tour du garde-côte de s'envoler.

Perdu dans un amas de replis de chair visqueuse, un œil gigantesque surplombait la proue du *Wensport*, juste en face de Conrad.

La bouche de la pieuvre mordait furieusement le métal, engloutissant peu à peu l'avant du bateau. Au-dessus, de monstrueux câbles jaillissaient dans le ciel. D'autres, comme des serpents, se tordaient convulsivement autour du bateau.

La bête haletait, geignait.

L'odeur faillit faire perdre connaissance à Conrad. Puisant dans ses dernières forces pour garder l'équilibre, l'homme ajusta son bazooka visant l'œil inexpressif.

Le coup partit en même temps qu'un éclair surgissait des nuages. Aussitôt, une vague provoquée par l'affaissement d'un tentacule balaya le pont.

Conrad fut emporté s'assommant en tombant. Il n'eut pas conscience d'être entraîné vers le bec du monstre.

- 13 -

Une nouvelle douleur apparut, plus vive que celle qui s'était installée dans son ventre. L'œil de la Mère Pieuvre se voila. La rage la submergea et elle resserra son étreinte autour du pétrolier.

Le métal écorchait la peau plus fragile autour de son bec, mais elle n'en avait plus conscience.

La Mère Pieuvre était en train de mourir, dévorée par le poison de la drogue.

Les boulons sautèrent. Les rampes d'acier cassèrent. Les compartiments étanches se retrouvèrent à l'air libre. Huile, pétrole, air, eau, métal rouillé, tout se mélangea.

En de multiples endroits, les installations électriques explosèrent et, brusquement, plus aucune lumière n'irradia l'océan. Seulement de petites étincelles, un peu partout, sur et dans le ventre du bateau de métal.

Entre les hurlements de l'acier rouillé qui se pliait, les cris du monstre et les rugissements du vent, le fracas était insupportable.

Les quelques hommes qui n'étaient pas tombés à la mer, ou qui n'avaient pas été tués par les secousses infligées au bateau, devinrent fous de terreur.

La tornade eut un petit instant d'hésitation, comme si elle cherchait de nouvelles victimes. Elle tourna pendant quelque temps sur un rayon de dix kilomètres. En fait, elle cherchait juste la meilleure façon de se nourrir du vent, des courants marins et de l'électricité des nuages.

Quand elle fut rassasiée, elle doubla, tripla, quadrupla de volume. Et, lorsqu'elle atteint cinquante fois sa taille initiale, la tornade se mit en chasse.

- 14 -

Le feu prit en plusieurs endroits et trouva vite de quoi s'alimenter : le pétrolier baignait dans son « sang ». Il s'embrasa d'un coup. Même la proue qui était fermement maintenue immergée par les bras de la pieuvre.

Celle-ci était maintenant paralysée. Aucun de ses membres ne répondait aux impulsions de son cerveau drogué. Collée au pétrolier enflammé, elle brûlait avec lui, sous l'eau.

Le pétrolier eut un soudain sursaut. Une douleur fulgurante, inouïe, venait de traverser la tête de la Mère Pieuvre. Il y eut une violente secousse. Puis, plus rien.

Lentement, les tentacules du monstre se détachèrent du *Wensport*. Pendant que son corps s'étalait doucement en surface, le pétrolier se brisa en deux.

La pluie et le vent cessèrent pratiquement au même moment. Les nuages reculèrent précipitamment, avec crainte et respect. La tornade arrivait…

Les débris enflammés qui flottaient en surface prirent élégamment leur envol.

La Mère Pieuvre fut la dernière à partir.

Les visages étaient flous.
Lorsqu'ils redevinrent nets, ils étaient tendus. Effrayés.
Tim retrouva ses esprits d'un coup :
– Ma planche… La tempête !
Lou le maintint couché contre le sable.

— Calme-toi. C'est fini maintenant. Ne bouge pas, tu es salement blessé. Natie est partie chercher des secours.

Malgré la douleur qui irradiait son corps, Tim se redressa. Ils étaient sur la plage, près du bungalow. À l'horizon, sur la mer noire de colère, on voyait encore quelques éclairs. Mais il faisait jour et il était vivant !

Tim se mit à pleurer de joie, de peur, de gratitude.

Puis, il remarqua quelque chose qui n'allait pas dans le paysage. Là-bas, dans les rochers, il voyait du feu et, partout, des centaines de petits foyers qui produisaient des fumées noires.

Un peu plus loin, une... chose énorme dérivait nonchalamment.

— Qu'est-ce...

— On te racontera, Tim. On te racontera...

Bridget eut un sanglot au milieu de sa phrase :

— C'était incroyable... Jamais vu ça.

Lou ne disait rien. Il était blême.

Tim se recoucha. Le garçon était juste... fatigué. Il voulait dormir. Bah, tant pis, lorsqu'il serait à l'hôpital, il aurait tout son temps pour écouter les autres lui raconter son sauvetage et ces drôles de fumerolles sur les rochers.

Il eut un petit sourire.

— Dites les copains, on va faire la mer ?

Au milieu de ses larmes, Bridget se mit à rire.

— Pas tout de suite, Tim. Remets-toi d'abord. On la fera après, promis !

— Mais pas dans la nuit... pas dans la tempête... pas ici, ajouta Lou.

Après un silence, Tim reprit la parole :

— Non. Je surferai, je nagerai, oui ; mais je ne ferai plus la mer. On ne peut pas faire la mer, c'est impossible !

Quelque part sous l'océan, dans une fosse marine à 10 000 mètres de profondeur, près d'une ancre de cargo...

Des milliers de tentacules crevèrent la surface du sable. Avec de petits couinements-sifflements, les enfants de la pieuvre appelèrent leur mère.

Comme elle ne répondait pas, ils partirent à sa recherche.

La Course

de Patrick Cappelli
illustré par Bruno Bazile

Le premier signe fut un grondement. Sourd, énorme, un peu effrayant.

Puis vinrent deux gerbes d'eau : parallèles, blanches et arrondies, encadrant un petit point clair. Le bruit couvrait tout. Impossible de parler ni même de crier. La puissance contenue dans les trois moteurs de deux cent cinquante chevaux chacun propulsait le hors-bord à plus de deux cents km/h.

Sa progression fut si rapide que, le temps d'un clignement de paupières, il était là, effilé, incroyablement beau. Du moins aux yeux de Pierre, le jeune apprenti mécanicien dont les rêves prenaient la forme de cet engin d'acier si puissant.

Pierre brûlait du désir de monter un jour dans un de ces hors-bord de course, de s'installer aux commandes, de démarrer les moteurs rugissants et de s'élancer sur un plan d'eau pour littéralement voler sur les flots jusqu'à la victoire. Ah, sentir les pulsations dans le volant, maîtriser la puissance du monstre de métal, commander à ce fleuron de la technologie : voilà un destin incomparable !

Plus que tous les spectateurs réunis ce matin-là sur la grève pour assister aux entraînements de l'équipe Labool (du nom du riche financier d'origine indienne qui s'était toqué des courses de hors-bord), Pierre écarquillait les yeux et transpirait d'émotion malgré le temps assez frais pour la saison. Il s'imaginait dans le bateau, ouvrant et fermant nerveusement ses mains comme s'il était aux commandes. Il ressentait presque les embruns et les coups de fouet du vent sur son visage !

Le bateau fit une dernière courbe devant la plage avant de s'immobiliser.

Soudain, le silence s'établit. Mais les spectateurs ne s'en rendirent pas compte immédiatement, tant leurs oreilles étaient encore pleines du rugissement infernal des moteurs, un vrombissement sourd qui alla peu à peu en décroissant.

Un canot pneumatique à moteur ramena le pilote sur le rivage. Il enleva son casque et déroula son écharpe blanche. Il souriait de toutes ses dents.

— ALORS, LES GARS, VOUS AVEZ VU ? LA CLASSE ! hurla-t-il d'une voix bizarrement aiguë, comme celle d'un personnage de dessin animé. ON VA GAGNER, ON VA LES ÉCRABOUILLER, CES…

— Johnny, oh ! doucement, tu hurles ! Tes bouchons d'oreille, là, enlève-les, s'il te plaît.

Plusieurs personnes mimèrent le geste.

— QUOI ? QUOI ? AH OUI !

Johnny Zebeste[1], le célèbre pilote, figure éminente du sport de haut niveau et donc des médias, farfouilla dans ses oreilles et en retira deux bouchons en mousse, destinés à lui éviter de devenir sourd.

— C'est bien, ces trucs, reprit-il d'une voix normale, quoique toujours aussi aiguë. Mais ça fait tout drôle quand on les enlève. Alors, les gars, prêts à gagner cette course ?

Johnny paradait comme un coq fier de son plumage.

Plutôt petit, il se tenait très droit pour compenser. Excellent pilote, il ignorait la peur. Avantage : il allait souvent plus vite que les autres et possédait un palmarès enviable. Inconvénient : il ne supportait pas d'être dépassé par plus rapide que lui et

---

1. Zebeste : pour *the best*, le meilleur, en anglais.

prenait alors des risques inconsidérés, pour lui comme pour ses adversaires.

Ceux-ci le craignaient énormément. Pour son adresse au volant, bien sûr ; mais surtout, à cause de cet orgueil démesuré qui le poussait à effectuer des gestes dangereux.

D'ailleurs, les autres pilotes le surnommaient *The worst*[2] ou Johnny Bébête.

Malheureusement, malgré son talent indéniable, Johnny était maudit par la chance. Il avait toujours loupé la première place, dans des circonstances souvent invraisemblables... Une fois, il avait voulu couper si court qu'il avait emporté la moitié de l'avant du bateau d'un concurrent. Tous deux avaient fini dans des demis hors-bord qui avaient coulé piteusement.

Une autre fois, une mini-tornade s'était levée sur le plan d'eau. Incroyablement, le coup de vent n'avait emporté qu'un seul engin à plusieurs dizaines de mètres de là : celui de Johnny !

Le petit pilote n'avait pas souffert. Il avait été retrouvé accroché dans les branches d'un arbre, pestant contre la terre entière. Il rageait d'être encore privé d'une victoire qui lui revenait, croyait-il, dur comme fer ! Il s'était mis à bégayer, comme ça lui arrivait toujours sous l'effet de la colère :

– Je ga-ga-gnerai un jour, je le ju-ju-ju-re, s'égosillait-il depuis son arbre.

---

2. *The worst* : le pire, en anglais.

Enfin, la troisième fois, Johnny avait vraiment touché le gros lot.

Rien moins qu'une baleine bleue ! Le cétacé avait surgi devant Johnny alors que celui-ci s'apprêtait – enfin ! – à franchir la ligne d'arrivée en vainqueur. Par quel mystère cette grande baleine se trouvait-elle dans le coin à cette époque de l'année ? Personne ne le sut jamais. Elle s'était redressée juste sous le hors-bord, sans paraître remarquer le petit esquif sur son dos, et encore moins le minuscule humain qui gesticulait. Pendant une fraction de seconde, Johnny était resté suspendu sur le puissant jet d'eau ; puis la baleine avait plongé dans le grand bleu, indifférente et majestueuse.

Malgré ses multiples mésaventures, Johnny continuait de croire en son talent unique. Il savait qu'un jour serait le sien. Alors, il ferait ravaler toutes leurs moqueries à ses adversaires et même à ses soi-disant amis.

Hizraz Labool, patron de l'écurie, se moquait de tout cela, comme des sarcasmes sur son nom. D'accord, son physique s'accordait bien avec la signification phonétique de son patronyme. Mais, ne comprenant pas bien le français, il restait insensible à ce jeu de mots. De son point de vue, son nom était d'ailleurs tout à fait respectable. Les Labool existaient en Inde du Nord depuis des millénaires, bien avant l'arrivée d'Alexandre le Grand dans les plaines de l'Indus.

M. Labool admirait Johnny pour sa fougue, sa hardiesse, ses capacités exceptionnelles de pilote de hors-bord.

Avec lui, les trophées se succédaient, ce qui donnait une bonne image à sa société de conseils en informatique. Que Johnny soit dangereux pour les autres et qu'il lui arrive de couler les bateaux de ses rivaux ne le gênaient pas. Après tout, c'étaient les risques du métier et que le meilleur gagne !

Hizraz Labool était bien plus ennuyé par la déveine qui collait à son pilote. Certes, le fait de cumuler les secondes ou les troisièmes places permettait à son équipe de figurer dans le trio de tête du championnat du monde. Mais une victoire serait la bienvenue pour le prestige de l'écurie Labool…

Johnny signa quelques autographes aux jeunes fans venus regarder les essais. Les gamins ouvraient grand les yeux devant la masse métallique du hors-bord se balançant mollement sur l'eau.

– Eh, m'sieur, à combien vous montez avec ça ?

– C'est vrai que des fois vous allez si vite que vous vous envolez ?

– Johnny, Johnny, vous n'avez jamais peur ?

Le sourire de Johnny Zebeste se figea. Il enleva ses Ray Ban réfléchissantes, révélant de petits yeux sombres et étincelants.

– Sache que Johnny Zebeste ne connaît pas la peur. C'est pour cela qu'il est le meilleur, dit-il en rimant, de sa voix nasillarde.

– Hé ! Johnny, quand est-ce que vous allez gagner une course ?

Le petit pilote devint rouge comme un coquelicot et resta la bouche ouverte pendant quelques secondes.

– Allez, c'est tout pour aujourd'hui. Je-je-je dois me con-con-centrer pour préparer ma pro-pro-prochaine victoire !

Car il ne disait jamais course...

Il congédia le groupe d'admirateurs d'un grand geste désinvolte. Puis, sans un regard, il s'éloigna vers sa caravane luxueuse, agitant ses petites jambes comme un jouet mécanique.

Pierre aurait bien voulu le suivre pour lui demander des conseils, lui soutirer quelques bribes de savoir sur le difficile métier de pilote de hors-bord. Mais il n'osait pas. L'adolescent se dirigea vers l'atelier pour rejoindre Manu, le chef mécanicien. Il le trouva couché à l'arrière d'un bateau, trafiquant dans les entrailles d'un moteur.

Manu pouvait déceler l'amorce d'une panne simplement en démarrant le hors-bord. Il connaissait parfaitement les moteurs, pour les avoir démontés et remontés un nombre incalculable de fois. Il savait où se trouvait chaque pièce, du plus petit écrou à l'hélice en acier spécial. L'injection d'essence électronique numérique n'avait plus de secret pour lui, pas plus que le limiteur de surrégime ou les engrenages coniques hélicoïdaux... des mots qui, pour Pierre, relevaient pratiquement de la science-fiction et qu'il essayait d'apprendre aux côtés de Manu.

Ce dernier admirait aussi Johnny. Pour ce don qu'il avait de dompter la bête sans effort apparent.

– Salut Manu. Tu crois qu'on sera prêt pour la course ?

– Si mes assistants continuent à disparaître sans arrêt, on risque d'être un peu juste… Allez, fais pas cette tête, petit Pierre ! Je sais que tu ne peux pas t'empêcher d'assister aux essais de Johnny. Tu aimerais bien être à sa place, pas vrai ? Patience. Devenir pilote, c'est un apprentissage long, ingrat et difficile. Et puis, si tu n'as pas de talent, tu ne seras jamais une vedette.

– Mais comment savoir si on en a sans piloter ? demanda fort justement le jeune homme.

– Écoute, dès que j'ai fini ce réglage, je t'emmène sur le mulet[3] et on teste tes capacités. Ça te va ?

– Tu ferais ça ? C'est vrai ? Oh, je suis si content que je…

Pierre se mit à bondir et à gesticuler frénétiquement. Il recula et se cogna contre un escabeau sur lequel reposait une grosse boîte de peinture blanche. Elle se renversa directement sur sa tête. Pierre se figea comme un spectre de série Z, bras

---

[3]. Le mulet : en Formule 1, voiture de secours destinée à palier une défaillance de la voiture de course.

écartés, yeux écarquillés. Manu sortit de sous son moteur en riant.

– Oh Pierrot, tu as un blanc ?

Sa plaisanterie le fit beaucoup rire. Il se tenait plié en deux et gloussait tandis que le pauvre Pierre essayait d'enlever la peinture avec un chiffon imbibé de détachant.

– Tu empestes ! Et tu risques de prendre feu si quelqu'un vient fumer à côté de toi. Allez, va te laver et rendez-vous sur le mulet dans une demi-heure.

– Bon, regarde ce petit levier sur le volant. C'est l'accélérateur. Si tu le baisses, tu avances ; si tu le relèves, tu ralentis. O.K. ? Vas-y mou, ces bêtes-là sont sensibles ! Pour virer, tourne le volant. Doucement, sinon tu risques de renverser le bateau, et nous avec.

Pierre, un peu nerveux, s'approcha du volant. Il le toucha : doux, lisse, assez petit, même pour lui. Il fléchit légèrement ses jambes, pris une grande inspiration et baissa d'un coup brusque le levier des gaz. Le hors-bord fit un énorme bond au-dessus de l'eau. Manu bascula en arrière et tomba sur le plancher de métal en poussant un cri. Pendant une fraction de seconde, le bateau sembla suspendu dans les airs, avant de retomber lourdement dans un grand plouf assourdi. Pierre lâcha levier et volant, et le hors-bord s'immobilisa.

– Eh bien, ça commence fort ! Tu m'as fait peur. Je t'ai dit de le manier délicatement, *remember*[4] ? L'accélérateur est très sensible. Il faut le caresser, jouer avec, et sentir la puissance des moteurs avant de la déchaîner. Allez, on recommence. Regarde, je te montre. Comme ça… Régulièrement, pas brusquement.

Manu abaissa doucement le levier et le hors-bord avança de plus en plus vite sur le plan d'eau. Pierre observait, tendu et concentré.

– Bon, recommence. Mais mollo, hein ! Ne me rejoue pas Flipper le dauphin, d'accord ?

Pour son second essai, le jeune mécano manœuvra habilement.

Le hors-bord progressa tout droit, sans à-coups. Pierre n'osait pas encore virer, de peur de refaire une bêtise. Il appuya un peu plus fort sur le levier et les moteurs grondèrent. Manu cria pour couvrir le bruit :

– VAS-Y, TOURNE, TOURNE.

Pierre vira prudemment, dessinant un parfait arc de cercle.

– O.K., TU Y ES. RAMÈNE-NOUS AU CAMP, MAINTENANT.

L'apprenti, fier et droit au volant, guida le mulet jusqu'à la plage. Le vent lui fouettait le visage et il pouvait sentir la puissance des moteurs qui fai-

---

4. *To remember* : se rappeler, en anglais.

saient vibrer tout le hors-bord. À 70 km/h, il n'était même pas à la moitié de la vitesse maximale de l'engin. Pour Pierre, c'était déjà une sorte de rêve éveillé : il contrôlait un monstre !

Tout à sa joie, il ne fit pas attention à la distance. La plage arriva beaucoup trop vite. Lorsqu'il s'en s'aperçut, il voulut arrêter le bateau, mais celui-ci continua sur sa lancée, rebondit sur le sable et s'échoua lamentablement comme un éléphant de mer fatigué.

Plusieurs personnes s'approchèrent.
– Bravo le nouveau pilote ! C'est le patron qui t'a engagé ? Il perd vraiment la boule !
– Alors Pierrot, tu te prends pour Johnny ? T'as encore du chemin avant de devenir le meilleur !
– Hé ! Manu, ton chauffeur a son permis hors-bord ?

Attiré par l'attroupement, Johnny vint voir ce qui se passait. Il poussa les badauds puis, campé sur ses petites jambes et les mains sur les hanches, il éclata de rire, d'un rire puissant, profond, un peu effrayant, contrairement à sa voix, aiguë et désagréable.
– Oh, oh, oh, oh ! Oh, oh, oh !

Mortifié, Pierre ne savait plus quoi faire. Il aurait voulu fuir, disparaître, se dissoudre. Tout plutôt que de supporter le mépris de son héros. Pourquoi avait-il voulu piloter ? Il n'était qu'un apprenti mécano. Sa vanité l'avait aveuglé et voilà le résultat : Johnny se moquait de lui devant toute l'équipe.

— Hé ! Mon gars, qui t'a appris à t'arrêter ? Manu ? Tu aurais mieux fait de t'adresser à un professionnel.

— Comme vous, Johnny ? demanda malicieusement le chef mécano.

— Quoi ? Moi ? Tu crois que je n'ai que ça à faire ? Apprendre le métier à un jeunot, incapable de s'arrêter sans casse ? Ce gosse ferait mieux de retourner à ses boulons. Et toi, monsieur Manu, tu n'as rien d'autre à faire que de bousiller le matériel ? Je fais comment si j'ai besoin du mulet ? Hein, hein ? Vous allez me faire le plaisir de repartir vers votre atelier et de ne plus en sortir. Sinon, j'en parle à monsieur Labool. Les mécaniciens sont faciles à trouver... Tu comprends ? Quant à toi, mon gars, laisse le pilotage aux vrais pros. Que je ne te vois plus au volant d'un de nos bateaux. Contente-toi de les réparer.

Tout au long de sa diatribe, Johnny s'était échauffé tout seul.

Il considérait maintenant l'incident comme une offense personnelle.

Quelle mouche avait piqué le mécanicien pour qu'il se permette de donner des leçons à ce gamin ? Il ne connaissait donc pas le prix d'un tel engin ? Le patron était décidément trop indulgent avec le personnel technique.

Sa menace n'avait cependant pas grande portée. Manu était le meilleur mécano à mille kilomètres à la ronde. Et il le savait. Johnny le savait et M. Labool le savait aussi.

Johnny se retourna et partit comme une flèche. Il se prit les pieds dans une corde et s'étala de tout son long. Personne n'osa rire franchement, mais il entendit clairement des gloussements étouffés. Il se releva, très digne, et lança un regard noir autour de lui afin de faire taire quiconque osait se moquer de lui en face. Personne ne s'y risqua.

La plage se vida. Il ne restait plus que Pierre et Manu, pétrifiés.

Sans échanger un mot, ils se mirent à ranger leurs affaires. Pierre se dirigea vers l'atelier. Son beau rêve était fini ! Apprenti mécanicien il était, mécanicien il deviendrait ! Manu le rejoignit et lui tapota l'épaule.

– Écoute, Pierrot. Ne fais pas cette tête. Rien n'est perdu. On ne sait jamais ce que l'avenir réserve. L'essentiel, c'est que tu continues de croire en toi, en tes capacités, en ta détermination et en ta passion. Si tu t'arrêtes au moindre obstacle, tu ne mérites pas de devenir pilote ! Fonce, mon Pierrot ! Bats-toi et fais ravaler ses insultes à ce crétin prétentieux.

Le grand jour approchait.

La course était dans tous les esprits. Depuis trois semaines, pilotes, mécanos, préparateurs, patrons et assistants divers couraient en tous sens pour être prêts le jour J.

Johnny sortait tous les jours pour des essais dans la baie. Au fur et à mesure, il allait de plus en plus vite, prenant des risques inconsidérés pour le bateau et pour lui-même. Cette course serait la sienne ! M. Labool essaya bien de le calmer, redoutant que ni pilote ni hors-bord ne soient sur la ligne de départ le jour fatidique.

— Doucement, Zohnny. Il né faut pas casser lé bateau. Pendant la course, ça va. Avant, il faut ménager vous et la machine !

— Ne vous en faites pas, patron. Je suis un pro. Nous serons prêts. Prêts à gagner ! À nous la victoire !

Johnny s'exaltait tout seul, levant les bras au ciel, sautant sur place.

Ce petit bonhomme, affublé de lunettes noires par n'importe quel temps, était ridicule. Mais, peu lui importait. Seule la course comptait. Enfin, la victoire…

Pendant que Johnny paradait, d'autres participants ne perdaient pas leur temps.

Manu sortait aussi tous les jours avec le mulet ou le bateau officiel. Sous prétexte de réglages, il partait plusieurs heures, dès que Johnny avait fini de s'entraîner ou tôt le matin avant que le pilote ne commence. Johnny avait remarqué ce petit manège et n'aimait pas trop ça. Mais il devait faire avec. Sans Manu, la victoire devenait beaucoup plus aléatoire. Malgré sa vanité et son orgueil, Johnny était bien obligé de le reconnaître. Ses rapports avec le chef mécano étaient plus tendus depuis qu'il les avait engueulés, lui et son jeune assistant, devant toute l'équipe. D'ailleurs, l'apprenti avait disparu. C'était déjà ça !

En fait, Pierre se dissimulait sous une bâche dans le bateau, ne réapparaissant qu'une fois loin du camp. Manu lui enseignait alors tout ce qu'il savait du fonctionnement du bateau. Tous les trucs, astuces, manœuvres possibles qu'il connût, il les montrait à Pierre. De son côté, l'apprenti se familiarisait avec les commandes et les sensations que procurait la conduite. Accélérations, décélérations, virages, tête-à-queue provoqué, retombée après un saut : il répétait toutes les figures plusieurs fois.

Passés les premiers essais, sa timidité s'était envolée et une volonté farouche l'avait remplacée. Porté par son désir de pilotage, le jeune homme brûlait les étapes. Conscient que ces escapades étaient limitées par le temps, il dévorait les leçons. Une fois la totalité des questions techniques abordées et assimilées, Manu dut avouer son impuissance.

– Il ne me reste plus qu'à te regarder faire, Pierre. Tu sais à peu près tout sur le fonctionnement de cet engin. À toi de prouver ton talent !

Les derniers jours, Manu laissa Pierre perfectionner ses réflexes, trouver les meilleurs angles de virage, rattraper une mauvaise manœuvre.

Puissants, rapides et pourtant délicats, les hors-bord avaient tendance à brouter sans prévenir ou, au contraire, à accélérer trop fort et à bondir sur l'eau comme des dauphins de métal.

Pierre passa ces journées comme dans un rêve. Entièrement porté par ses réflexes et son récent apprentissage, il découvrait des sensations inconnues : les différentes gifles du vent, les changements brusques de tonalité du moteur, l'étrange défilement des vagues sous la coque. Maîtriser l'énergie sauvage du monstre et le faire obéir au doigt et à l'œil. Pierre s'enivrait et progressait sous le regard admiratif de Manu.

Les jours défilèrent aussi vite que les hors-bord.
L'excitation avait gagné tout le camp.
Curieusement, Johnny, sûr de son adresse, était parmi les plus calmes, persuadé que cette course verrait enfin son triomphe.

Pierre, tout à son apprentissage, ignorait pourquoi il travaillait aussi intensément, mais son instinct lui disait qu'il devait se tenir prêt à toute éventualité. Le jour, il apprenait le pilotage avec Manu. Le soir, il étudiait les moteurs avec le même Manu. La nuit, il rêvait qu'il pilotait.

Le chef mécanicien le poussait à ingurgiter le maximum de connaissances.

— Vas-y Pierrot, bosse. On ne sait jamais ce qui peut arriver…

Humour

Depuis quelques jours, Manu prenait un air mystérieux et grave.

En fait, il était bien décidé à faire payer à ce nabot de Johnny ses humiliations répétées.

La veille de la course, ledit Johnny rassembla l'équipe pour le rendez-vous traditionnel qu'il avait lui-même instauré.

En effet, Zebeste aimait bien faire un discours volontaire avant une compétition. Il fallait se serrer les coudes, tous autour de sa personne, pour gagner. Johnny ne pensait pas au propriétaire des bateaux, pas plus qu'aux assistants nombreux et dévoués. Non, il était persuadé que tous l'admiraient et ne pensaient qu'à le propulser sur tous les podiums du monde.

Comme d'habitude, il monta sur une caisse, souleva ses lunettes noires un moment. Il observa les visages devant lui, étonné que personne n'arbore le même sourire béat que lui. On aurait dit que ces gens lui en voulaient. Ridicule ! Il mit ça sur le compte de la fatigue et se lança dans un discours que l'on pourrait résumer ainsi :

– Mes chers amis, demain, c'est le grand jour. Nous allons gagner ! Enfin, je veux dire, JE vais gagner. Mobilisez toutes vos énergies, défoncez-vous pour que JE propulse le bolide et moi-même vers la victoire ! Gloire à l'écurie Labool et gloire à MOI !

Il finit son intervention grotesque complètement surexcité.

Avec ses Ray Ban sur les yeux (alors qu'il faisait nuit !), il ne voyait pas grand-chose. Bondissant de sa caisse, il atterrit sur une flaque d'huile. Il voulut sauter instantanément, mais dérapa, partit à la verticale et retomba sur le dos avec un bruit mat. Un nuage de poussières métalliques enveloppa l'assistance. Manu essuya ses mains pleines d'huile avec un petit sourire.

Quelques ricanements fusèrent çà et là. Le nuage dissipé, on souleva Johnny. Il s'épousseta en maugréant. Et soudain, Manu indiqua le haut du crâne du petit pilote. L'assistance se mit à hurler de rire en constatant la boule à zéro du play-boy. Johnny Zebeste était chauve ! Sans voix, enragé, il réajusta sa perruque et partit en boitant, serrant les dents pour ne pas montrer sa douleur. Les fous rires l'accompagnèrent jusqu'à sa luxueuse caravane.

Le lendemain matin, très tôt, le patron débarqua tout affolé dans l'atelier où Manu et Pierre dormaient depuis plusieurs jours sur de vieux matelas. M. Labool secoua Manu qui grogna.

– Mister Manou, mister Manou ! Lévéz-vous, c'est grave !

– Hein, mais quelle heure il est ? Il fait encore nuit ! C'est quoi ce cirque ?

– Habillez-vous et vénéz. Zohnny pas bien, pas bien du tout…

– Quoi ? Je viens, je viens.

Dans la caravane, Johnny était allongé. Une

jambe de son pantalon relevée dévoilait une cheville énorme et rouge. Une belle foulure. Pas question de disputer une course du championnat mondial dans cet état. Même bourré de médicaments, ça ne passerait pas. D'ailleurs, dès que la douleur l'avait réveillé, Johnny avait avalé une poignée de cachets. De quoi le tenir éveillé une semaine ! Mais rien à faire. L'entorse était trop douloureuse. Résultat : ses mâchoires s'agitaient toutes seules et la sueur recouvrait son crâne dégarni (il dormait sans perruque !).

Manu se passa la main sur le front.
– Eh bien, on est mal ! Il va falloir abandonner.
– JAMAIS, hurla le petit pilote chauve et momentanément handicapé. C'est ma course, et la bonne, je le sens !

M. Labool approuva silencieusement. Cet accident ridicule allait lui coûter des millions.

Manu se servit un café, songeur.
– Je vois bien une solution, mais...
– Oui, qu'est-ce que c'est ? demanda le gros bonhomme plein d'espoir.
– Il ne faut pas que nos adversaires apprennent que Johnny est blessé. On pourrait le remplacer par quelqu'un de la même taille. Avec le casque intégral et l'écharpe, le public n'y verra que du feu.
– Bravo, bravo !

M. Labool dansait autour de la table, bousculant tout dans la caravane.
– C'est bien beau, mais qui va me remplacer ?

demanda hargneusement Johnny en s'épongeant le visage.

— Pierre.

— QUI ?

— Pierre, mon apprenti.

— QUOI ? Me remplacer moi, MOI, le meilleur pilote de ces dix dernières années, par un gamin ? C'est du délire. Ce mécanicien devient fou.

— Écoutez, Johnny. Pierre est à peu près aussi petit... Je veux dire, il a la même corpulence que vous. Il rêve de piloter. Je l'ai vu s'entraîner. Il a fait d'énormes progrès. Pourquoi ne pas lui donner sa chance ? De toute façon, c'est lui ou l'abandon. Dans votre état, vous ne gagnerez pas cette course...

— Non, non, pas abandon. Monsieur Zohnny, c'est bonne idée. Le garçon arrivera peut-être à quelque chose.

— On peut faire ça en équipe. Voilà ce que je propose. J'ai mis au point un système de mini-caméras dans le bateau, situé à l'avant, juste au-dessus du poste de pilotage. Vous distinguerez à peu près ce que voit Pierre. Avec la radio, le gosse pourra entendre vos conseils dans son casque et faire les gestes que vous auriez faits. Mais il faudra crier un peu à cause du bruit.

— Vous êtes génie ! Monsieur Zohnny, c'est merveilleux. Vous allez donner conseils gamin et nous allons gagner course. Ah, ah !

— Jamais. Je ne tiens pas à me couvrir de ridicule. Ce gamin ne fera pas trois mètres sans caler. Et vous voulez qu'il gagne une course ? Débile !

– Écoutez, Zohnny. Ze suis patron. Si ze dis : vous courez, vous courez ! C'est bien compris ? Sinon, ze peux toujours revoir contrat. Vous pas oublier que vous n'avez jamais rien gagné. Vous courir sinon vous partir.

M. Labool, tout rouge, ne riait plus du tout. Ses yeux noirs lançaient des éclairs. Manu ne l'avait jamais vu ainsi. En colère, ce gentil monsieur un peu fou était impressionnant.

Même Johnny comprit que la discussion était close et qu'il devait obéir.

– Bon, le gamin a intérêt à suivre mes instructions à la lettre !

Manu réveilla Pierre et lui décrivit le plan.

Un peu ahuri, le garçon encaissa le coup. Manu ne perdit pas de temps en explications. Il alla installer le matériel vidéo et radio dans l'habitacle du bateau. Il fit un essai alors que le jour pointait sur la mer. Impeccable. Ce dispositif, semblable à celui des Formules 1, s'adaptait aussi à l'univers des hors-bord.

Trois heures plus tard, la foule des grands jours s'était massée autour du plan d'eau. Pilotes et équipes attendaient sur le lieu de l'épreuve. La chaleur commençait à se faire sentir.

Bizarrement, un concurrent ne quittait pas son casque intégral, alors que le départ était encore loin. Les caméras de télé zoomèrent sur le pilote masqué.

Johnny Zebeste !

Incroyable ! Lui qui, en général, paradait et frimait devant les jeunes filles, était déjà casqué et enveloppé de son écharpe blanche, refusant de répondre aux micros tendus devant lui.

M. Labool expliqua que Johnny avait pris froid et qu'il ne voulait pas aggraver son état.

Chaleur et excitation augmentèrent un peu plus.

Subitement, presque sans prévenir, on annonça le départ.

Les bateaux, alignés, effilés et dangereux, se balançaient mollement, moteurs chauds mais encore endormis.

Le starter tira un coup de feu et les moteurs grondèrent tous en même temps. Les hors-bord prirent de la vitesse, traçant des lignes blanches toutes droites et se dirigèrent vers la bouée marquant la moitié du tour.

Contrairement à son habitude, Johnny ne prit pas la tête de la course. Là, il partit en troisième position, zigzaguant bizarrement.

Pierre était entièrement concentré sur son incroyable défi. Lui, au volant d'un hors-bord de course, à la place du grand Zebeste ! Il n'arrivait pas à se remettre du choc !

Et puis cette pensée disparut. Pas le temps de rêvasser. Son corps et son esprit ne vivaient plus que pour une chose unique : piloter.

Pour l'instant, il reproduisait les gestes que lui indiquait Johnny par la radio. Il arriva deuxième à la bouée.

— Attention ! Il va prendre la corde. Quand tu passeras, reviens tout de suite sur lui, comme si tu allais lui rentrer dedans. Il aura une seconde d'hésitation. Il me connaît et me craint. Ça doit te suffire pour le doubler. Rabats-toi serré.

La voix aiguë de Johnny résonnait dans le casque de Pierre.

— Et si je touche ?

— QUOI ? TU NE TOUCHES RIEN ! TU NE COULES PAS CE BATEAU ! TU FAIS CE QUE JE TE DIS.

Pierre lutta contre l'envie de débrancher le micro-casque. Il ne fit pas du tout comme prévu. Il ne voulait pas percuter le bateau, au risque de se voir éjecter de la trajectoire. Il prit donc une courbe plus large et ne put dépasser l'adversaire. Dans ses écouteurs, Johnny hurlait :

— IDIOT ! Petit mi-mi-sérable ! On n'arrivera jamais à-à-à gagner si tu ne fais pas ce que je te dis. C'est moi, le cham-cham-pion, moi-moi-moi ! Écoute bien ça : au prochain virage, tu serres, tu pousses et tu passes ! Compris ?

Pierre entendait bien, mais il ne faisait plus confiance à son ex-héros. Il avait vu son côté mesquin et peu reluisant. Ses illusions avaient disparu. Et là, sur le bateau, les mains sur le volant, il était le maître. Il remporterait cette course. Ne serait-ce que pour faire enrager Johnny qui n'avait jamais rien gagné.

Il suivit les instructions du petit pilote bégayant de

rage et d'énervement. Il serra son adversaire le plus proche, le força à ralentir et le passa in extremis.

– C'est ça ! C'est ça ! Il est à portée, on va l'avoir, vociférait Johnny dans les écouteurs de Pierre.

Pierre, concentré sur sa conduite, essayait d'éviter les remous engendrés par les hors-bord et tentait de fixer la ligne d'arrivée à travers sa visière mouillée et la sueur lui dégoulinant dans les yeux. De plus, il luttait contre une terrible envie d'uriner qui l'avait pris dès le départ. La réalité se révélait nettement moins héroïque que dans ses rêveries. Mais tellement excitante ! Il volait vers la victoire, manettes de gaz à fond. Il n'entendait plus les commentaires de Johnny ni le bruit des moteurs… seulement son cœur qui battait furieusement et qui lui répétait sur un rythme endiablé :

– TU ES PILOTE, TU ES PILOTE, TU ES PILOTE…

Il se mit à rire.

La ligné d'arrivée approchait.

Le ton de Zebeste changea, devint plus fébrile moins assuré.

– Dis petit, regarde bien partout… Assure-toi qu'il n'y a rien d'anormal. Tu ne vois pas de gros nuages noirs, hein ? Ni de baleines ou de pieuvres. Ni de mines ou de sous-marins. Fais très attention parce que, en général, c'est toujours dans les dernières secondes qu'il m'arrive une catastrophe.

Mais Pierre n'entendait plus.

Il cherchait à voir à travers ses larmes de joie et de triomphe.

Sentant la victoire possible, Manu arracha le micro des mains de Johnny.

– Vas-y Pierrot. Une fois arrivé, n'enlève pas ton casque. J'envoie des gars te chercher. Ils t'aideront à sortir rapidement et on fera la substitution. Bravo, gamin, bravo !

Le vieux mécano était tout ému.

Ainsi fut fait. Pierre disparut, entouré par les gros bras, agitant la main devant la foule enthousiaste qui scandait le nom de Johnny.

Celui-ci réapparut une demi-heure après, aussi joyeux que s'il était réellement le vainqueur.

Quant à Manu, il observait le numéro de Johnny devant la presse avec un petit sourire en coin. Épuisé par son exploit, Pierre dormait dans la caravane de Johnny, d'un sommeil lourd et sans rêve.

Il n'en avait plus besoin, puisque son rêve, il venait de le réaliser. Il était pilote de hors-bord. À jamais…

Biographies

Le Surfeur de tsunami
de Jean-Marc Ligny
illustré par Victor de la Fuente

Jean-Marc Ligny

Passionné depuis l'enfance par l'étrange et l'imaginaire, il écrit dès l'âge de vingt ans ses premiers romans de science-fiction pour un lectorat adulte et plus jeune. Il publie régulièrement des livres destinés à la jeunesse chez Bayard, Rageot, Hachette, Nathan ; pour les adultes, chez Denoël (Présence du futur), Fleuve Noir et J'ai lu. *Inner City* lui a valu le Grand Prix de l'Imaginaire et *Slum City*, le prix Ozone en 1997.

Victor de la Fuente

Considéré par ses pairs comme l'un des plus grands dessinateurs réalistes, il compte parmi ses œuvres les plus célèbres *Haxtur*, *Sunday* et *Mathai-Dor*, qui ont précédé *L'Histoire de France en BD*, *La Bible*, *Haggarth* et *Les Gringos*.

Biographies

L'Odyssée d'Océane et de Gaïa

de Barbara Castello et Pascal Deloche
illustré par Daniel Redondo

Barbara Castello et Pascal Deloche

Globe-trotters des mots et des images, ils parcourent le monde depuis plus de quinze ans et publient leurs reportages en France et en Europe. Journaliste pour la première, reporter photographe pour le second, ils écrivent à quatre mains la plupart de leurs récits. Pascal Deloche a créé et écrit la série *Médecins de l'impossible* chez Hachette Jeunesse (Bibliothèque verte).

Daniel Redondo

De sa rencontre avec le scénariste Harriet sont nés les personnages de Yann et Mirka. Ensemble, ils se lancent dans une série d'aventures historiques : *La Marque de la sorcière*. Avec le scénariste Christian Perrissin, il a inventé une jeunesse au démon des Caraïbes : *L'Impitoyable Barbe Rouge*.

Biographies

Le Chagrin des Jaloux
d'Émile Desfeux
illustré par Marc Bourgne

Émile Desfeux

Il a pratiqué la plupart des métiers, d'assistant universitaire à marin, en passant par la fabrication de zython (bière des pharaons à base d'orge germée)... Il s'est ensuite essayé au métier d'écrivain et, sous différents pseudonymes, a œuvré pour la télévision, la radio, la presse, la littérature et lui-même.

Marc Bourgne

Après avoir enseigné l'histoire et la géographie, il se lance dans la bande dessinée avec *Être libre*. En 1998, les Éditions Dargaud lui confient la reprise de l'une de leurs plus mythiques séries, *Barbe Rouge*, sur un scénario de Christian Perrissin. Il prépare en outre une série policière pour Glénat.

Biographies

Boomerang
de Marie Bertherat
illustré par Dominique Rousseau

Marie Bertherat
Journaliste pour différents magazines, elle se consacre maintenant à l'écriture de livres et de cédéroms publiés aux éditions du Seuil, Bayard et Atlas.

Dominique Rousseau
Il a étudié le cinéma, joué dans des groupes de jazz et interprété différents rôles au théâtre. Il fait ses débuts dans la bande dessinée en 1978, dans *BD Hebdo* puis *Charlie Mensuel*. Dessinateur de *Condor* chez Dargaud, il collabore régulièrement à la revue *Je Bouquine*. Il anime des ateliers et des stages pour enfants et adultes autour de la BD.

Biographies

La Mère des tempêtes
d'Emmanuel Viau
illustré par André Benn

Emmanuel Viau

Il se passionne pour la science-fiction, les jeux et la musique. Quand il ne lit pas, il est journaliste à *Je Bouquine* et écrit des histoires pour la jeunesse. Son rêve serait de jouer en concert sur la Lune, sur Mars ou même en dehors du système solaire…

André Benn

Dessinateur et scénariste, il illustre, en collaboration avec Vicq, *Les Aventures de Tom Applepie*. Il crée avec Desberg le personnage de Mic Mac Adam. Entre 1987 et 1990, il adapte un polar de Pierre Siniac et réalise le roman-BD *Elmer et moi*. Entre 1990 et 1998, il reçoit différents prix pour ses travaux et initie une nouvelle série, *Woogee*.

Biographies

La Course
de Patrick Cappelli
illustré par Bruno Bazile

Patrick Cappelli
Journaliste passionné par les voyages en général, et l'Asie en particulier, il fait avec *Mystère à Mystra* et *La Course* (collection « Z'azimut » chez Fleurus) ses premières armes dans l'univers de la littérature jeunesse.

Bruno Bazile
Il dessine pour la publicité, la presse enfantine et illustre des romans jusqu'à ce que Dargaud le fasse entrer dans la bande dessinée avec la série *Forell et fils* (scénario de Michel Plessix). Son dessin, entre ligne claire et réalisme, est d'une lisibilité frappante.

Composition : Tournai Graphic
Achevé d'imprimer en mars 2000
sur les presses de l'imprimerie Aubin
N° d'impression : L59607
N° d'édition : 93195